Katja Schlottke

Kopfsprung ins Leben

Wie du mentale Blockaden zerschlägst und deinen Geist befreist

Willkommen zu deinem Sprungbrett ins Leben!
Dieses Buch ist keine Anleitung zum Träumen – es ist ein
Weckruf zum Handeln . Es ist für alle, die bereit sind, ihre
Blockaden zu sprengen, ihre Sekunden zu nutzen und das
Leben zu leben, das wirklich zu ihnen passt.
Hier geht es nicht um Perfektion, sondern um den Mut, den
ersten Schritt zu machen – oder den ersten Sprung zu wagen.
Es geht darum:

- Blockierende Glaubenssätze zu erkennen und aufzulösen.
- Kleine Momente der Entscheidung zu nutzen, um große
  Veränderungen zu bewirken.
- Klarheit zu finden, wenn der Kopf zu laut und der Weg
  unklar ist.

Mit inspirierenden Geschichten, humorvollen Impulsen und
praktischen Übungen begleitet dich dieses Buch vom
Stillstand ins Tun. Egal ob du Sportler, Kopfdenker,
Unternehmer oder Abenteurer des Alltags bist – hier findest du
Werkzeuge, um deine entscheidenden Sekunden zu meistern.
Denn das Leben wartet nicht – und dein Moment ist jetzt.
Bist du bereit? Dann lass uns loslegen!

Impressum
© 1. Auflage 2024 Katja Schlottke
www.katja-schlottke.de
Verlag: BoD · Books on Demand GmbH, In de Tarpen 42,
22848 Norderstedt, bod@bod.de
Druck: Libri Plureos GmbH, Friedensallee 273, 22763 Hamburg
ISBN: 978-3-7693-2582-9

Inhaltsverzeichnis

Einleitung: Der Sprung ins kalte Wasser

Kennst du das Gefühl, wenn du auf dem Sprungbrett stehst, das Wasser glitzert und alles in dir schreit: „Tu es nicht!"? Der Kopf sagt: „Frühling!" Der Bauch sagt: „Bist du wahnsinnig?" Und irgendwo zwischen diesen beiden Stimmen stehst du – mit pochendem Herzen und dem Wissen, dass es nur einen Weg gibt: Nach vorne.
Wenn nicht, dann kannst Du dich vielleicht glücklich schätzen.

Tja, ich kenne es nur zu gut. Ich war Leistungssportlerin im Turmspringen und Sportakrobatik und bei mir ging es oft um den perfekten Sprung, den perfekten Moment – bloß keinen Fehler machen.
Aber genau das ist der Punkt: Dieser Moment des Zweifelns, dieser eine Wimpernschlag vor dem Absprung, ist auch der Moment, in dem du entscheidest, wer das Sagen hat.
Das sind diese Sekunde des Lebens...
Ein Zentimeter zu viel, ein Wimpernschlag zu spät – und das Wasser empfing dich nicht sanft, sondern wie ein Betonboden.
Jeder Sprung war ein Tanz mit der Schwerkraft, ein Dialog zwischen Mut und Angst.
Bist du es – oder sind es die Stimmen in deinem Kopf, die sagen: „Das schaffst du nicht", „Du wirst dich blamieren", oder mein persönlicher Favorit: „Du musst immer stark sein"?
Und genau darum geht es in diesem Buch: um all die Sprünge ins kalte Wasser, die du in deinem Leben erlebt hast. Um die Glaubenssätze, die wie unsichtbare Gummibänder an deinen Füßen ziehen, wenn du loslegen willst. Und um die Frage: Wer hat dir eigentlich diese Gummibänder umgebunden?
Ich nehme dich mit auf (m)eine Reise – von knallharten Trainingseinheiten als Sportlerin, zu den Shaolin-Mönchen in China, durch die Energiearbeit in Indien, bis zu den schamanischen Ritualen in Peru.

Die Reisen, bei der ich nicht nur Muskeln, sondern auch meinen Geist trainiert habe.

Die Reisen, bei der ich gelernt habe, wie man alte Glaubenssätze zerschlägst und neue Freiheit gewinnt.

Und ja, ich verspreche, wir werden dabei auch lachen. Denn wenn es eine Sache gibt, die ich gelernt habe, dann die: Dein Geist mag ein ernstes Ding sein – aber er liebt auch Humor. Also schnall dich an, zieh die Badehaube über und lass uns gemeinsam den Sprung wagen.

Was hat das mit dir zu tun?
Vielleicht stehst du gerade selbst auf einem "Sprungbrett":
- Als Sportler: Vor dem nächsten Wettkampf, mit der Angst zu versagen.
- Als Kopfmensch: Vor einer Entscheidung, die deine Logik sprengt.
- Als Unternehmer: Vor einem Risiko, das alles verändern könnte.

Vielleicht ist dein Sprungbrett auch weniger offensichtlich. Vielleicht ist es ein neuer Job, eine ungewohnte Veränderung, eine Beziehung, die Mut erfordert.
Oder vielleicht stehst du einfach nur vor einem Montagmorgen, der sich anfühlt wie ein 10-Meter-Turm.

Der Punkt ist: Jeder von uns steht irgendwann am Rand. Und die Frage ist nicht, ob du springen wirst, sondern wie.

„Bis zu deinem 18. Lebensjahr hörst du etwa 160.000 negative Glaubenssätze – und danach täglich weitere 22. Höchste Zeit, sie zu sprengen!"

Mein persönlicher Kopfsprung

Für mich begann dieser „Kopfsprung ins Leben" an einem kalten Morgen im Shaolin-Kloster. Ich war voller Hoffnung, Neugier und – ich gebe es zu – einer kleine Portion Arroganz. „Ich bin Leistungssportlerin", dachte ich. „Wie schwer kann das schon sein?" Die Antwort kam schneller als erwartet. Mein erster Tag bestand aus scheinbar einfachen Aufgaben: Stehen. Atmen. Stillsein. Kein Salto, kein Schraubensprung, keine schweißtreibende Akrobatik. Nur ich und mein Geist. Und der benahm sich wie ein wilder Affe auf Red Bull. Stillstehen? Meine Beine wollten rennen. Atmen? Mein Herz pochte wie ein Schlagzeugsolo. Stillsein? Mein Kopf veranstaltete ein Gedanken-Feuerwerk. Ich spürte, wie die „lockere Schraube" in meinem Kopf sich noch ein bisschen weiter drehte. Und während ich da stand, gefangen in meinem eigenen Chaos, wurde mir klar: Dieser Sprung wird kein körperlicher, sondern ein mentaler sein. Und er wird länger dauern als jeder Sprung ins Wasser.

Warum dieses Buch anders ist

In diesem Buch nehme ich dich ein wenig mit auf meine Reisen zu den Shaolin-Mönchen, durch die Tempel Indiens und die wilden Landschaften Perus. Es wird um Disziplin, Energie und Heilung gehen.

Aber vor allem wird es um deine Reise gehen:
- Deine Blockaden: Die unsichtbaren Mauern in deinem Kopf.
- Deine Glaubenssätze: Die kleinen Saboteure, die dir einreden, dass du nicht gut genug bist.
- Deinen Geist: Deinen mächtigsten Verbündeten und schlimmsten Feind zugleich.

Wir werden zusammen lachen, stolpern, zweifeln und – ja – springen. Denn am Ende geht es nicht darum, keine Angst zu haben. Es geht darum, zu springen, trotzdem.

Praktische Übung: Dein erster Kopfsprung
1. Setz dich an einen ruhigen Ort.
2. Stell dir ein Sprungbrett vor. Es kann hoch oder niedrig sein, je nachdem, was für dich realistisch ist.
3. Identifiziere Dich mit deinem Sprung. Was ist der nächste Schritt, der Mut von dir verlangt? Ein Gespräch, eine Entscheidung, eine Veränderung?
4. Fühl die Angst. Lass sie zu. Spüre das Herzklopfen, die Zweifel.
5. Jetzt stell dir vor, du springst. Was passiert? Wie fühlt sich das Wasser an? Welche Freiheit erwartet dich auf der anderen Seite?
6. Notiere deine Gedanken. Was hält dich zurück? Was treibt dich an?

Bereit zu springen?
Wenn ja, dann schnall dich an. Dieses Buch wird kein sanfter Spaziergang – es wird ein Kopfsprung ins Leben. Und glaub mir: Das Wasser ist gar nicht so kalt, wie du denkst.

Kapitel 1: Die unsichtbaren Ketten des Geistes

Weißt du, was verrückt ist? Ich habe jahrelang meinen Körper trainiert, seit meinem 4. Lebensjahr, bis er gehorchte. Muskeln, Ausdauer, Präzision – alles war planbar, alles war machbar. Aber in meinem Kopf? Da herrschte oft Chaos. Mein innerer Kritiker war lauter als jeder Trainer, den ich je hatte. „Du darfst nicht scheitern", „Verlieren ist keine Option", „Bloß keine Schwäche zeigen". Diese Sätze waren so tief in meinem Kopf eingraviert, dass ich sie für die Wahrheit hielt.

Vielleicht kommt dir das bekannt vor. Vielleicht hast du andere Sätze, die dich festhalten, wie: „Geld stinkt", „Männer weinen nicht", „Ich bin nicht gut genug". Glaubenssätze sind wie Regeln in einem Spiel, das du nie bewusst begonnen hast. Sie wurden dir mitgegeben – von deinen Eltern, Lehrern, der Gesellschaft. Und ohne es zu merken, spielst du nach diesen Regeln.

Aber was, wenn ich dir sage, dass du die Regeln ändern kannst? Was, wenn ich dir sage, dass dein Geist formbar ist, dass du die Geschichte in deinem Kopf neu schreiben kannst?

Das habe ich zum ersten Mal im Shaolin-Kloster wirklich wirklich wirklich verstanden. Ja, im echten Shaolin-Kloster in China. Stell dir vor, wie ich – die Leistungssportlerin – dort saß, mit gekreuzten Beinen, während mir ein Mönch erklärte, dass Disziplin nicht nur für den Körper gilt, sondern vor allem für den Geist.

„Der Geist ist wie ein Muskel", sagte er. „Trainiere ihn und er wird stark. Lass ihn unkontrolliert und er wird träge."

Mein erster Gedanke? „Na toll, noch ein Muskel, den ich trainieren muss." Aber je länger ich dort saß, je länger ich versuchte, meine Gedanken zur Ruhe zu bringen, desto klarer wurde mir: Mein Geist war wie ein untrainiertes Pferd. Wild, unberechenbar, ständig auf der Flucht.

Und so begann mein Training – nicht für die nächste Meisterschaft, sondern für die Freiheit in meinem Kopf.

Die Sache mit der lockeren Schraube

Und dann war da noch meine ganz persönliche Schraube, die nicht nur im übertragenen Sinne locker war, sondern wortwörtlich. Ich war Wasserspringerin. Stell dir vor: Du springst vom Turm, rotierst, schraubst dich in die Luft wie ein Korkenzieher auf Speed und landest dann mit einem perfekten Platscher im Wasser.

Klingt cool, oder? Bis zu dem Tag, an dem mein Körper beschloss, dass Schraubensprünge ab sofort „nicht mehr im Angebot" waren. Mein Geist sagte: „Ja, klar, lass uns schrauben!", aber mein Körper machte irgendwas zwischen Gummiball und verwirrter Libelle. Die Schraube blieb locker – im wahrsten Sinne des Wortes.

Ich war wie eine Waschmaschine im Schleudergang, bei der ein Socken fehlt. Mein Trainer schaute mich an wie ein Mechaniker, der den Schaden begutachtet und feststellt: „Da ist nichts mehr zu retten." Und irgendwann musste ich es mir eingestehen: Ich musste die Sportschule verlassen, weil meine Schraube nicht mehr richtig saß.

Tja, ich hatte also tatsächlich eine Schraube locker. Wäre es ein Zeichentrickfilm gewesen, hätte man sehen können, wie mir eine kleine, silberne Schraube aus dem Ohr purzelt und mit einem „Klonk" auf dem Hallenboden landet. Und ich hätte nur seufzend hinterhergeschaut: „Na toll, da geht sie hin."

Vom Schraubenverlust zur Selbsterkenntnis

In diesem Moment fühlte es sich an wie das Ende der Welt. Ein Glaubenssatz kreischte in meinem Kopf: „Ohne perfekte Schraube bist du ein Nichts!" Aber heute sehe ich es anders.

Manchmal muss eine Schraube locker werden, damit du erkennst, was du sonst noch draufhast. Vielleicht war das Universum ja einfach nur ein bisschen humorvoll und dachte sich: „Lass sie mal richtig schön durchdrehen – das macht die Geschichte interessanter."
Und weißt du was? Es hat funktioniert. Diese lockere Schraube hat mir gezeigt, dass Perfektion nicht alles ist. Dass ein einziger Fehler nicht das Ende bedeutet, sondern oft der Anfang von etwas Neuem ist. Denn Perfektion macht Agression.
Vielleicht hast du auch eine Schraube locker – und vielleicht ist das gar nicht schlecht. Vielleicht bedeutet es, dass du bereit bist, neue Wege zu gehen. Wege, die weniger nach einem starren Regelwerk aussehen und mehr nach dir selbst.

Woher kommen diese Ketten eigentlich?
Unsere unsichtbaren Ketten entstehen nicht über Nacht. Sie wachsen mit uns, Stück für Stück, Glied für Glied. Manchmal entstehen sie aus den Worten anderer:
- Ein Lehrer sagt: „Du bist nicht gut in Mathe."
- Ein Elternteil sagt: „Sei nicht so empfindlich."
- Ein Trainer sagt: „Gewinnen ist alles."

Manchmal entstehen sie aus Erfahrungen:
- Du scheiterst bei einer Prüfung.
- Du wirst kritisiert oder abgelehnt.
- Du erlebst einen Rückschlag.

Unser Gehirn speichert solche Erlebnisse ab und formt daraus Glaubenssätze. Es meint es gut mit uns – es will uns schützen. Doch oft wirken diese Glaubenssätze das Gegenteil. Sie werden zu Ketten, die uns in unserer Komfortzone festhalten, weil sie uns vorgaukeln, dass es dort sicher ist.

Psychologischer Hintergrund:
Wie Glaubenssätze wirken:
Unsere Glaubenssätze sitzen tief im Unterbewusstsein. Laut der Psychologie entstehen sie vor allem in den ersten Lebensjahren, wenn unser Gehirn wie ein Schwamm alles aufsaugt. Sie beeinflussen, wie wir die Welt sehen und wie wir uns selbst wahrnehmen.
Neuroplastizität zeigt, dass unser Gehirn formbar ist. Es kann neue Verbindungen schaffen – aber auch alte, schädliche Muster auflösen.
Das bedeutet: Deine Ketten sind nicht für immer da. Du kannst sie sprengen.

Praktische Übung:
Deine unsichtbaren Ketten erkennen
1. Setze dich mit einem Stift und einem Notizbuch hin.
2. Schreibe drei Sätze auf, die dich oft zurückhalten.
   Beispiele:
   ○ „Ich bin nicht gut genug."
   ○ „Ich darf keinen Fehler machen."
   ○ „Ich schaffe das nicht."
3. Frage Dich für jeden Satz:
   ○ Woher kommt dieser Glaubenssatz?
   ○ Wer hat mir das beigebracht?
   ○ Ist das wirklich wahr?
4. Formuliere einen neuen, positiven Satz. Beispiele:
   ○ Statt „Ich bin nicht gut genug"   „Ich bin auf dem Weg und lerne jeden Tag."
   ○ Statt „Ich darf keine Fehler machen"   „Fehler sind Chancen zu wachsen."
5. Lies dir diesen neuen Satz täglich vor. Lass ihn zu einem neuen Glied in deiner Kette werden – einem Glied, das dich stärker macht.

Schlussgedanke:
Deine Ketten sind nicht du.
Erinnere dich: Deine Ketten sind nicht Teil von dir. Sie sind nur
Geschichten, die du gelernt hast. Und jede Geschichte kann
neu geschrieben werden. Vielleicht hast du auch eine
Schraube locker – und vielleicht ist das genau das, was dich
frei machen wird.

Kapitel 2: Der innere Wettkampf – Wenn Glaubenssätze Medaillen vergeben

Leistungssportler sein bedeutet nicht nur körperlich alles zu
geben. Es bedeutet auch, einen ständigen inneren Wettkampf
auszutragen – oft gegen Gegner, die du nicht siehst, aber die
in deinem Kopf wohnen. Während ich nach außen hin
souverän auf dem Sprungbrett stand, tobte bei mir im Kopf ein
verbissener Kampf um Gold, Silber und Bronze. Die Medaillen,
die dort vergeben wurden, hatten allerdings nichts mit meiner
Sprungtechnik zu tun. Sie gingen an die besten
Glaubenssätze, die mich in Schach hielten.

Dein größter Gegner steht nicht auf dem Podium
Du kennst die Bilder: Ein Athlet, der nach einem Sieg die Arme
hochreißt. Der Jubel des Publikums, das Blitzlichtgewitter, der
Moment, in dem alles andere unwichtig ist. Goldmedaille.
Sieg. Triumph.
Doch was du nicht siehst, ist der andere Wettkampf – der, der
in unseren Köpfen tobt. Ein Wettkampf, bei dem die Gegner
unsichtbar sind und die Regeln sich ständig ändern.

Ein Wettkampf, bei dem nicht nur Athleten, sondern jeder von uns antritt:

- Der Student, der eine Prüfung schreibt.
- Die Mutter, die alles perfekt machen will.
- Der Unternehmer, der jeden Tag Risiken eingeht.

Unser größter Gegner? Es sind die kleinen Stimmen in unserem Kopf, die uns sagen, dass wir nicht gut genug sind, dass wir nicht scheitern dürfen, dass wir immer stark sein müssen.

Die Goldmedaille für den besten Saboteur: „Du darfst nicht scheitern"
Dieser Satz ist ein Klassiker, oder? Er glänzt wie eine frisch polierte Goldmedaille, aber in Wahrheit wirkt er wie eine Fußfessel. Im Training war ich immer darauf fixiert, Fehler zu vermeiden. Scheitern? Nein!

Ich erinnere mich noch gut an meinen ersten großen Wettkampf. Alles war perfekt vorbereitet: Training, Ernährung, mentale Vorbereitung. Doch als ich auf dem Sprungbrett stand, spürte ich, wie eine unsichtbare Kette um meine Gedanken enger wurde.
„Was, wenn du versagst?"
„Wenn du jetzt einen Fehler machst, war alles umsonst."
Diese Gedanken waren wie Parasiten, die sich in mein Gehirn gefressen hatten. Mein Körper wollte springen, aber mein Geist stand auf der Bremse. Ich zitterte. Ich zweifelte. Ich sprang – und landete unsanft im Wasser. Kein Applaus, kein Sieg, nur der bittere Geschmack von Chlor und Enttäuschung.

Für Sportler:
Du kennst das Gefühl. Ein einziger Fehltritt, ein verpatzter Sprung, die Sekunde zu langsam – und der Gedanke, dass alles umsonst war. Der Druck, bei jedem Wettkampf zu liefern. Ein einziger Fehler fühlt sich an wie der Weltuntergang.

Für Kopfmenschen:
Vielleicht kennst du das aus der Schule, im Studium oder im Beruf: Ein Fehler in der Berechnung, eine Entscheidung, die nicht perfekt war – und dein Verstand spielt alle Worst-Case-Szenarien durch. Die Angst, bei einer Präsentation zu scheitern oder eine Entscheidung zu treffen, die sich als falsch herausstellt.

Für Unternehmer:
Der Launch eines neuen Produkts floppt, ein Pitch geht schief, und sofort meldet sich der innere Kritiker: „Du darfst nicht versagen! Was denken die anderen?" Das Gefühl, dass ein gescheitertes Projekt das Ende deiner Karriere bedeutet.

Psychologischer Hintergrund: Warum wir Angst vorm Scheitern haben - Wissenschaftlicher Nachweis:
Laut der Psychologin Dr. Carol Dweck gibt es zwei Arten von Denkweisen: die starre Denkweise und die wachstumsorientierte Denkweise. Menschen mit einer starren Denkweise glauben, dass Fähigkeiten festgelegt sind. Ein Fehler bedeutet für sie, dass sie „nicht gut genug" sind. Menschen mit einer wachstumsorientierten Denkweise hingegen sehen Fehler als Chance, zu lernen und zu wachsen.

In meinem Fall war meine Denkweise zu diesem Zeitpunkt so festgefahren wie ein alter Schrank, der sich nicht mehr öffnen lässt. Jeder Sprung musste perfekt sein. Jeder kleine Fehler fühlte sich an, als würde ich beim Wettkampf die Goldmedaille im „Versagen" gewinnen.

Zu welcher Gruppe gehörst du zur Zeit:

1. Die Starre Denkweise („Fixed Mindset"):
   ◦ Du glaubst, dass deine Fähigkeiten festgelegt sind. Ein Fehler bedeutet, dass du nicht gut genug bist.
2. Die wachstumsorientierte Denkweise („Growth Mindset"):
   ◦ Du glaubst, dass Fehler Chancen sind, zu lernen und zu wachsen. Ein Rückschlag ist kein Urteil, sondern eine Lektion.

Wissenschaftlicher Fakt:
Studien zeigen, dass Menschen mit einer wachstumsorientierten Denkweise resilienter sind und eher langfristige Erfolge haben. Sie sehen Herausforderungen nicht als Bedrohung, sondern als Möglichkeit zur Weiterentwicklung.

Die Silbermedaille für den ewigen Antreiber: „Du musst immer stark sein"

Kennst du diesen Satz? Der Typ, der dir einflüstert, dass jede Pause ein Zeichen von Schwäche ist? Dass Tränen verboten sind und du immer wie ein Superheld auftreten musst?

Für Sportler:
Kein Training ausfallen lassen, egal wie müde du bist. Bloß keine Schwäche zeigen. Der Zwang, trotz Schmerzen weiterzumachen, bis der Körper streikt.

Für Kopfmenschen:
Immer funktionieren, immer logisch sein. Gefühle? Die stören nur.

Für Unternehmer:
Keine Pausen, keine Zweifel. Die Firma läuft nur, wenn du rennst. Stillstand ist Rückschritt.

Ich hatte diesen Satz so tief verankert, dass ich selbst mit schmerzenden Muskeln oder einer lockeren Schraube weitermachte. Stärke – das war mein Mantra. In meiner Welt bedeutete Stärke: Nicht klagen, nicht weinen, durchziehen. Doch Stärke, die keinen Raum für Schwäche lässt, ist wie ein Muskel, der nie entspannt. Irgendwann reißt er.

Ich erinnere mich an eine Trainingseinheit, bei der ich völlig erschöpft war. Meine Muskeln brannten, mein Kopf war leer, doch ich biss die Zähne zusammen. Mein innerer Antreiber brüllte: „Noch eine Runde! Schwäche gibt's nicht!" Am Ende saß ich in der Umkleidekabine, Tränen liefen mir übers Gesicht, aber ich konnte nicht aufhören, mich dafür zu hassen.

Wissenschaftlicher Nachweis:
Die Stressforschung zeigt, dass chronische Überlastung das Hormon Cortisol erhöht, was zu Erschöpfung, vermindertem Leistungsvermögen und langfristig zu Burnout führen kann. Übersäuerung führt zu Erkrankungen, denn Erkrankungen entstehen nur in einem sauren Milieu.
Ein gesunder Umgang mit Pausen ist kein Luxus, sondern ein Muss – für den Körper und den Geist.

Psychologischer Hintergrund:
Die Stärke der Verletzlichkeit
Die Forscherin Dr. Brené Brown hat herausgefunden, dass wahre Stärke darin liegt, sich verletzlich zu zeigen. Menschen, die ihre Schwächen akzeptieren, sind authentischer, mutiger und widerstandsfähiger.
Verletzlichkeit ist kein Zeichen von Schwäche – sie ist ein Zeichen von Mut.

Und somit lernte ich mehr und mehr ICH selbst zu sein - authentisch und ehrlich. Vor allem ehrlich zu mir selbst.

Die Bronzemedaille für den Perfektionisten: „Gut ist nicht gut genug"

Oh, Perfektionismus! Mein treuer Begleiter, mein unerbittlicher Trainer, der immer noch ein bisschen mehr wollte. Ein Schraubensprung mit einer minimalen Wasserfontäne? Nicht akzeptabel. Ein Sprung, bei dem ich mit einem halben Millimeter schief ins Wasser eintauchte? Katastrophe! Perfektionismus ist wie ein ständiger Schatten. Egal, wie gut du bist, er flüstert dir zu: „Da geht noch mehr." Er macht aus kleinen Fehlern Katastrophen und aus Erfolgen Enttäuschungen.

Ich weiß noch, wie ich einen nahezu perfekten Sprung gemacht habe. Alles stimmte – bis auf einen kleinen Spritzer beim Eintauchen. Mein Trainer lobte mich, meine Teamkollegen applaudierten. Aber ich? Ich sah nur den Spritzer. Die Freude wich der Frustration.

Für Sportler:
Der perfekte Sprung, der perfekte Lauf – nichts darunter zählt.
Für Kopfmenschen:
Ein perfekter Abschluss, eine makellose Präsentation. Alles andere ist ein Fiasko.
Für Unternehmer:
Das perfekte Produkt, der perfekte Pitch. Jede Kleinigkeit zählt.

Der Perfektionismus ist wie ein imaginärer Richter, der mit hochgezogener Augenbraue auf jede Kleinigkeit achtet. Das Problem? Dieser Richter hat nie applaudiert. Egal, wie gut ich war, es hätte immer besser sein können. Perfektionismus ist der ewige Hunger, der nie satt wird.

Wissenschaftlicher Nachweis:
Studien von Dr. Brené Brown zeigen, dass Perfektionismus nicht dasselbe ist wie Streben nach Exzellenz. Perfektionismus basiert auf der Angst vor Fehlern und vor dem Urteil anderer. Er ist wie ein Panzer, der uns vermeintlich schützt, uns aber in Wahrheit lähmt und den Spaß am Tun raubt.

Psychologischer Hintergrund:
Der Druck des Perfektionismus
Perfektionismus führt oft zu Angst, Prokrastination (Aufschieben) und Burnout. Laut Studien entsteht Perfektionismus oft aus der Angst vor Kritik oder Ablehnung. Doch das Streben nach Perfektion ist ein Fass ohne Boden.

Praktische Übung: Die Medaillen neu vergeben

1. Setze dich hin und atme tief durch.
2. Notiere die drei stärksten negativen Glaubenssätze, die dich antreiben und woher kommen sie.
3. Überlege, welche „Medaillen" du diesen Glaubenssätzen verleihst.
   ◦ Gold für „Du darfst nicht scheitern"
   ◦ Silber für „Du musst immer stark sein"
   ◦ Bronze für „Gut ist nicht gut genug"
4. Jetzt vergib neue Medaillen:
   ◦ Gold für „Ich lerne aus jedem Fehler."
   ◦ Silber für „Ich bin stark genug, um verletzlich zu sein."
   ◦ Bronze für „Gut genug ist oft perfekt."
5. Lies dir diese neuen Medaillen täglich vor. Lass sie zu deiner neuen Realität werden.

Schlussgedanke:
Dein Geist ist der wahre Champion.

Am Ende des Tages steht der wichtigste Wettkampf nicht auf einem Spielfeld oder einer Bühne. Er findet in deinem Kopf statt. Doch du kannst ihn gewinnen.

Wie ich meine Glaubenssatz-Medaillen ablegte:

Es war ein langer Weg, bis ich merkte, dass ich diese Medaillen nicht brauche. Sie waren glänzend, ja – aber sie waren schwer. Sie zogen mich runter. Man wurde immer verglichen.

Bei den Shaolin-Mönchen lernte ich: Loslassen ist genauso wichtig wie Festhalten.

Statt zu denken „Du darfst nicht scheitern", begann ich zu denken:

☞ „Jeder "Fehler" = HELFER - bringt mich weiter."

Statt „Du musst immer stark sein", sagte ich mir:

☞ **„Stärke zeigt sich auch in der Pause."**

Und anstelle von „Gut ist nicht gut genug", erlaubte ich mir zu denken:

☞ **„Gut genug ist manchmal einfach perfekt."**

Eine Schraube locker zu haben, macht das Leben leichter
Heute weiß ich:

Eine lockere Schraube zu haben, ist nicht das Ende der Welt – es ist oft der Anfang einer Neuen. Vielleicht sind es gerade unsere lockeren Schrauben, die uns menschlich machen, die uns Raum für Neues geben.

Und falls du denkst, dass deine Glaubenssätze fest sitzen wie ein kaputter Schraubenzieher: Keine Sorge. Gemeinsam ziehen wir sie locker.

Kapitel 3: Wenn Vorbilder straucheln – und wie sie wieder aufstehen

Die Illusion des perfekten Helden

Wir brauchen alle Helden. Menschen, zu denen wir aufschauen, die uns inspirieren und zeigen, was alles möglich ist. Helden geben uns Hoffnung, dass auch wir über uns hinauswachsen können. Doch das Problem mit Helden ist: Sie wirken oft zu perfekt.

- Der Sportler, der immer gewinnt.
- Der Unternehmer, der jede Entscheidung richtig trifft.
- Der Künstler, der mit Leichtigkeit Meisterwerke schafft.

Wir sehen ihre Erfolge, ihre glänzenden Medaillen, ihre strahlenden Gesichter – und glauben, dass sie unverwundbar sind. Doch was wir nicht sehen, sind ihre Zweifel, ihre Ängste und die Rückschläge, die sie erlitten haben. Auch Helden stolpern. Auch Helden fallen. Und genau das macht sie zu den besten Lehrern.

In der Welt des Leistungssports (und darüber hinaus) gibt es Menschen, die scheinbar unverwundbar wirken. Ihre Siege stehen in der Zeitung, ihre Medaillen glänzen im Rampenlicht und ihre Namen hallen durch die Hallen wie Kampfrufe. Doch hinter den Kulissen kämpfen sie dieselben Kämpfe wie wir alle – oft härter, weil der Druck des Scheiterns größer ist. Der Unterschied? Einige von ihnen haben gelernt, ihre inneren Glaubenssatz-Dämonen zu zähmen. Andere wurden von diesen Dämonen zeitweise besiegt – aber ihre Geschichten zeigen, dass Aufstehen genauso bewundernswert ist wie Gewinnen.

Michael Phelps und der Druck der Perfektion - Die Leere nach dem Sieg

Michael Phelps: Die Leere nach dem Sieg

Michael Phelps ist bisher der erfolgreichste Olympiasieger aller Zeiten. 23 Goldmedaillen, 28 Medaillen insgesamt – ein Schwimmwunder, wie es die Welt noch nie gesehen hatte. Für uns war er ein Superheld, ein Mensch mit Flossen statt Füßen. Doch nach den Olympischen Spielen 2012 war Phelps nicht der strahlende Sieger, den alle sahen. Er war ein Mensch, der sich verloren hatte.

Er erzählte später: „Ich hatte alles erreicht, was ich wollte. Aber innerlich fühlte ich mich leer. Ich wollte nicht mehr leben." Wie konnte jemand, der alles gewonnen hatte, sich so besiegt fühlen? Phelps hatte jahrelang gegen äußere Gegner gekämpft – doch sein größter Gegner war in ihm. Der Druck, immer zu siegen, der Glaubenssatz „Ich darf nicht scheitern" hatte ihn ausgezehrt.

Sein Wendepunkt? Therapie. Unterstützung annehmen. Darüber sprechen, dass auch ein Champion Hilfe braucht.

Für Sportler:
Du bist nicht nur deine Medaillen. Du bist der Mensch dahinter – mit Höhen und Tiefen.

Für Kopfmenschen:
Auch ein brillanter Verstand braucht Ruhepausen. Ein perfektes Ergebnis ist nicht der einzige Maßstab für Erfolg. Der Erfolg im Außen bedeutet nichts, wenn der Geist im Inneren leidet. Selbst Superhelden brauchen Pausen.

Für Unternehmer:
Erfolg auf Kosten der eigenen Gesundheit ist kein echter Erfolg. Das stärkste Unternehmen braucht einen gesunden Kapitän. Erfolg ohne innere Erfüllung ist eine leere Hülle. Es ist okay, Schwächen zuzugeben.

Das andere Beispiel: Serena Williams und die Kraft der Selbstbestimmung

Serena Williams – die Tenniskönigin. Ihre Schläge sind gnadenlos, ihr Wille unbrechbar. Doch auch Serena hat ihre Kämpfe gekämpft, nicht nur auf dem Platz, sondern auch in sich selbst. Sie wurde oft kritisiert: für ihre Emotionalität, für ihren Ehrgeiz, für ihre „Unperfektheit".

Nach einer schmerzhaften Niederlage bei den US Open 2018 sagte sie: „Ich bin nicht perfekt. Aber ich gebe mein Bestes. Und das ist genug."

Serena zeigt uns, dass wahre Champions nicht die sind, die nie fallen, sondern die, die immer wieder aufstehen – und zwar als sie selbst.

Sie ist bekannt für ihre Dominanz im Tennis – aber auch für ihre mentale Stärke. Nach Niederlagen, Verletzungen und öffentlichen Kritiken kämpfte sie sich immer wieder zurück.

Was war ihr Geheimnis? Sie hat ihre eigenen Glaubenssätze bewusst gewählt.

Statt „Du darfst nicht scheitern" sagte sie sich:

☞ „Jede Niederlage ist eine Lektion."

Statt „Du musst immer stark sein" entschied sie:

☞ „Stärke ist, authentisch zu sein – auch mit meinen Gefühlen."

Serena zeigt, dass mentale Freiheit bedeutet, sich selbst zu erlauben, Mensch zu sein. Und das gilt für jeden von uns – ob auf dem Spielfeld, im Büro oder im Leben.

Für Sportler:
Emotionen sind keine Schwäche. Es ist die Energie, die dich antreibt.
Für Kopfmenschen:
Perfektion ist ein Mythos. Dein „Bestes" ist genug.
Für Unternehmer:
Authentizität schlägt Perfektion. Sei mutig genug, du selbst zu sein.

Keira Knightley: Panikattacken und der Mut zur Verletzlichkeit

Keira Knightley, bekannt aus „Fluch der Karibik", war auf dem Höhepunkt ihrer Karriere – von außen betrachtet. Doch innerlich kämpfte sie mit Ängsten, Zweifeln und Panikattacken. Sie sagte: „Ich habe versucht, perfekt zu sein." Und es hat mich kaputt gemacht."
Irgendwann zog sie die Reißleine. Sie suchte Hilfe, sprach offen über ihre Ängste und fand den Mut, ihre Verletzlichkeit zu zeigen. Heute sagt sie: „Es ist okay, nicht okay zu sein."

Für Sportler:
Der Druck zur Perfektion kann lähmen. Verletzlichkeit kann heilen.
Für Kopfmenschen:
Manchmal ist das Mutigste, was du tun kannst, zu sagen: „Mir geht es nicht gut."
Für Unternehmer:
Ehrlichkeit über eigene Ängste schafft Vertrauen und Verbindung.

Von anderen lernen – und es auf dein Leben anwenden
Die Geschichten von Phelps, Williams und Knightley zeigen, dass jeder von uns mit denselben Glaubenssätzen kämpft – egal, ob auf dem Siegertreppchen, im Konferenzraum oder auf der großen Leinwand. Doch sie zeigen auch: Es gibt Wege hinaus.

- Erlaube dir zu scheitern.
- Definiere Stärke neu – als Mut zur Authentizität.
- Perfektion ist eine Illusion – Wachstum ist real.

Was wir von strauchelnden Helden lernen können
- Scheitern gehört dazu:
- Jeder Champion fällt. Der Unterschied ist, dass er wieder aufsteht.
- Hilfe annehmen ist Stärke:
- Es braucht Mut, um Hilfe zu bitten. Niemand schafft alles allein.
- Perfektion ist eine Illusion:
- Die größten Erfolge entstehen oft aus den tiefsten Krisen.
- Verletzlichkeit ist Kraft:
- Wer seine Schwächen zeigt, öffnet die Tür zu echtem Wachstum.

Deine praktische Übung: Der „Straucheltagebuch"-Eintrag

1. Denke an einen Moment in deinem Leben, in dem du gestrauchelt bist.
   - Ein Fehler, ein Misserfolg, ein Moment der Schwäche.
2. Schreibe auf:
   - Was ist passiert?
   - Welche Gefühle hattest du?
   - Welche Glaubenssätze kamen hoch? („Ich bin nicht gut genug", „Ich darf nicht scheitern")
3. Jetzt schreibe die Geschichte neu:
   - Was hast du aus diesem Moment gelernt?
   - Wie hat er dich stärker gemacht?
   - Was würdest du einem Freund sagen, der das Gleiche erlebt hat?
4. Lies dir diesen Eintrag regelmäßig durch.
5. Erinnere dich daran, dass Straucheln nicht das Ende ist, sondern oft der Anfang von etwas Neuem.

Schlussgedanke: Helden fallen – und stehen wieder auf

Die wahren Helden sind nicht die, die nie straucheln. Es sind die, die fallen, kurz liegen bleiben, ihre Wunden lecken und dann sagen: „Okay, weiter geht's."

Wenn du das nächste Mal glaubst, dass du allein mit deinen Zweifeln bist, erinnerst du dich: Auch deine Helden kämpfen ihre inneren Kämpfe. Und wenn sie aufstehen können, kannst du das auch.

Ein kleines Werkzeug für dich: Die „Lockere-Schraube"-Übung

Lass uns das mal ausprobieren:

- Schließe die Augen. Stell dir vor, du hast einen Schraubenzieher oder besser Schraubendreher in der Hand.
- Dreh an der Schraube in deinem Kopf, die für „Perfektionismus", „Druck" oder „Selbstkritik" steht.
- Lockere sie bewusst. Lass zu, dass der Druck ein bisschen nachlässt.
- Atme tief ein und aus. Spürst du, wie es leichter wird?

Vielleicht fällt dir dabei sogar ein kleiner „Klonk" auf – wie eine Schraube, die sich löst und dir Raum gibt für Neues.

Wir sitzen alle im selben Boot

Egal, ob du Athlet, Kopfmensch oder Unternehmer bist: Diese Glaubenssätze sind universell. Wir alle kämpfen mit ihnen – und wir alle können sie überwinden. Manchmal hilft es, eine Schraube locker zu lassen, um wirklich frei zu denken und zu leben.

Kapitel 4: Der innere Coach – Zwischen Drill und Drillingsschwester

Hast du manchmal das Gefühl, dass in deinem Kopf eine ganze Coaching-Mannschaft wohnt?

Das Trainerteam in deinem Kopf

Da gibt es:

1. Den Drill-Sergeant – ein harter Hund mit Trillerpfeife, der ständig „Noch eine Runde!" brüllt.
2. Die Drillingsschwester des Perfektionismus – immer skeptisch, nie zufrieden und stets darauf bedacht, dir zu sagen, dass du „noch besser" sein könntest.
3. Den stillen, weisen Coach – ruhig, gelassen und meistes überhört. Er sagt Dinge wie: „Atme. Du machst das gut."

Der Drill-Sergeant, der mit verschränkten Armen brüllt: „Mach weiter! Keine Ausreden!" Daneben sitzt die „Drillingsschwester" des Perfektionismus, die mit kritischem Blick murmelt: „Nicht gut genug. Noch einmal!" Und irgendwo dazwischen huscht ein kleiner, stiller Coach herum, der zaghaft fragt: „Könnten wir vielleicht mal eine Pause machen?" Egal, ob du Sportler, Kopfmensch oder Unternehmer bist – dieser innere Coaching-Zirkus läuft ständig.

Dieses Trio begleitet dich überall hin. Aufs Sprungbrett, ins Büro, an den Küchentisch. Und oft haben sie hitzige Diskussionen darüber, was du als Nächstes tun sollst. Das Problem? Der Drill-Sergeant und die Drillingsschwester sind die lautesten. Sie brüllen, während der weise Coach sanft flüstert.

Doch genau dieser leise Coach könnte dein bester Freund sein – wenn du ihn lässt.

Wenn der innere Drill-Sergeant übernimmt

Beispiel: Tom Brady – Vom Perfektionisten zum Balancefinder

Tom Brady ist eine Legende im American Football. Ein Quarterback mit sieben Super-Bowl-Ringen, ein Inbegriff von Perfektion und Disziplin. Aber auch er hatte einen inneren Drill-Sergeant, der ständig brüllte: „Mehr Leistung! Mehr Training! Mehr Siege!"

Brady gab zu, dass dieser Druck ihn an seine Grenzen brachte. Er war erfolgreich, ja – aber auch ausgebrannt. Er sagte einmal: „Ich war besessen davon, besser zu werden. Es war nie genug." Erst als er anfing, auf seinen Körper und seine mentale Gesundheit zu hören, fand er ein Gleichgewicht. Er entließ den Drill-Sergeant in den Urlaub und ließ seinen inneren Balance-Coach ans Steuer.

Die Lektion? Manchmal ist „mehr" nicht besser. Manchmal braucht Erfolg weniger Druck und mehr Vertrauen.

Für Sportler:
Dein Körper braucht Pausen, um zu wachsen. Dein Geist braucht Pausen, um zu heilen.

Für Kopfmenschen:
Ein überarbeiteter Verstand produziert keine Brillanz – er produziert Burnout.

Für Unternehmer:
Erfolg entsteht nicht nur durch 100-Stunden-Wochen. Manchmal entsteht er durch kluge Pausen, mit einer Sekunde und frischen Perspektiven.

Mein Drill-Sergeant: Der unermüdliche Antreiber

Während meiner Zeit als Leistungssportlerin war mein Drill-Sergeant der Star in meinem Kopfkino. Seine Stimme war tief, rau und hatte eine Vorliebe für Befehle. Er war immer da, bereit, mich zu pushen:

- „Keine Pause! „Du kannst noch mehr! „Ein guter Sprung reicht nicht – er muss perfekt sein!"

Er war effizient, aber auch gnadenlos.

Für Sportler:

Dieser Antreiber mag dir helfen, ein paar Rekorde zu brechen – aber zu welchem Preis?

Für Kopfmenschen:

Der innere Drill-Sergeant sagt dir: „Keine Pause! Noch eine Aufgabe! Noch ein perfektes Ergebnis!" Doch irgendwann zieht dein Gehirn die Notbremse.

Für Unternehmer:

„Höher, schneller, weiter!" klingt gut – bis du merkst, dass du auf einer Achterbahn sitzt, die nicht anhält.

Wenn die Drillingsschwester des Perfektionismus zu laut wird

Die Lektion?

Perfektionismus ist wie eine tickende Zeitbombe. Lass sie niemals hochgehen. Definiere deinen Wert niemals über Fehler.

Meine Drillingsschwester: Die Perfektionistin mit dem Röntgenblick

Als der Drill-Sergeant Pause machte, zog seine Drillingsschwester nach. Sie war ein Profi im Aufspüren von Fehlern. Egal, wie gut ein Sprung war – sie sah nur den Spritzer beim Eintauchen. Ihre Lieblingssätze?

- „Gut ist nicht gut genug."
- „Hättest du dich mehr angestrengt, wäre es perfekt gewesen."

Ihre Anwesenheit fühlte sich an, als würde jemand ständig mit einem Klemmbrett neben mir stehen und Notizen machen. Sie wollte, dass ich alles kontrolliere. Doch irgendwann wurde mir klar: Perfektionismus ist wie ein Kaugummi unter dem Schuh – er bremst dich und du kommst nie wirklich voran.

Perfektion macht Aggression.

Für Sportler:
Jeder Sprung muss perfekt sein – doch Perfektion ist ein Mythos.

Für Kopfmenschen:
Eine fehlerlose Präsentation? Ein makelloser Bericht? Dein Perfektionismus kann dich lähmen. Eine „perfekte" Lösung ist oft nur eine Illusion. Eine kreative Lösung ist wertvoller.

Für Unternehmer:
Der Wunsch nach einem perfekten Produkt kann verhindern, dass du jemals „fertig" wirst. Fehler sind keine Feinde – sie sind Lehrmeister. Innovation lebt von mutigen Entscheidungen, nicht von makellosen Plänen.

Der stille Coach: Der unterschätzte Weise - Deine innere Stimme der Vernunft

Und dann gibt es da noch den stillen Coach. Seine Stimme ist leise, Wir haben ihn alle - diesen leisen, weisen Coach in uns. Er flüstert statt zu schreien. Er ist derjenige, der sagt:

- „Atme tief durch."
- „Es ist okay, mal eine Pause zu machen."
- „Du hast dein Bestes gegeben. Das reicht."

Lange Zeit habe ich diesen Coach ignoriert. Er war zu sanft, zu nachsichtig. Doch als ich eines Tages völlig erschöpft im Shaolin-Kloster saß, hörte ich ihn endlich:

„Was wäre, wenn du dir erlaubst, weniger zu tun?" Was wäre, wenn du dir erlaubst, genug zu sein?"

Und plötzlich entdeckte ich, wie sich die Ketten in meinem Kopf lockerten.

Für Sportler:
Der stille Coach erinnert dich daran, dass Erholung genauso wichtig ist wie Training.

Für Kopfmenschen:
Er hilft dir, die Gedanken zu beruhigen und Klarheit zu finden.

Für Unternehmer:
Er sagt dir, dass ein ruhiger Geist bessere Entscheidungen trifft als ein gehetzter.

Der Trick ist, den richtigen Coach zur richtigen Zeit zu Wort kommen zu lassen. Klingt einfach, oder? Oft ist es aber nicht. Denn oft sind die falschen Coaches am lautesten.

Beispiel: Novak Djokovic – Die Balance aus mentaler Stärke und Loslassen

Novak Djokovic, einer der besten Tennisspieler der Welt, weiß um die Macht des inneren Coachs. Er sagte: „Mentale Stärke bedeutet nicht, dass du niemals strauchelst. Es bedeutet, dass du lernst, wie du wieder aufstehst."
Sein Erfolgsgeheimnis? Meditation, Achtsamkeit und die Fähigkeit, den Druck loszulassen. Er hörte auf seinen inneren, stillen Coach, der ihn daran erinnert, dass Balance der Schlüssel zu Beständigkeit ist.

Wie du deinen inneren Coaching-Zirkus managst

1. Identifiziere deine inneren Stimmen:
2. Wer ist gerade am lautesten? Der Drill-Sergeant, die Drillingsschwester des Perfektionismus oder der stille Coach?
3. Wechsle bewusst die Rollen:
4. Wenn der Druck zu groß wird, lade deinen stillen Coach ein, das Ruder zu übernehmen. Manchmal hilft ein simples Mantra:
5. „Ich bin genug."
6. „Ich darf Fehler machen."
7. „Pause ist Teil des Prozesses."

Psychologischer Hintergrund:
Die Macht des Selbst-Mitgefühls

Die Psychologin Dr. Kristin Neff erforscht das Konzept des Selbstmitgefühls („Self-Compassion"). Sie fanden heraus, dass Menschen, die freundlich zu sich selbst sind, weniger Stress und mehr Resilienz haben. Selbst-Mitgefühl bedeutet nicht, Fehler zu machen oder sich gehen zu lassen. Es bedeutet, sich selbst so zu behandeln, wie man einen guten Freund behandeln würde.

Selbst-Mitgefühl besteht aus drei Teilen:
1. Selbstfreundlichkeit: Sei nett zu dir, statt dich zu kritisieren.
2. Gemeinsame Menschlichkeit: Erinnere dich daran, dass jeder mal Fehler macht.
3. Achtsamkeit: Beobachte deine Gefühle, ohne dich in ihnen zu verlieren.

Praktische Übung: Den richtigen Coach wählen
1. Setze dich hin und schließe die Augen.
2. Identifiziere die Stimmen in deinem Kopf:
   o Was sagt der Drill-Sergeant?
   o Was sagt die Drillingsschwester des Perfektionismus?
   o Was sagt der stille, weise Coach?
3. Notiere die "ihre" Sätze.
4. Wähle bewusst:
   o Welcher Coach ist heute der Richtige für dich?
   o Wenn der Drill-Sergeant zu laut ist, lade den stillen Coach ein.
5. Bejahung:
   o Wiederhole: „Ich darf freundlich zu mir selbst sein." Ich darf genug sein."

Erinnere dich an die Vorbilder:
Wenn Tom Brady Pausen macht, Keira Knightley ihre Fehler akzeptiert und Novak Djokovic meditiert, dann darfst du das auch.
Erfolg kommt nicht nur durch Kraft – sondern durch kluge Balance.

Schlussgedanke:
Sei dein eigener bester Coach.
Am Ende des Tages bist du dein eigener Trainer. Sei streng, wenn es nötig ist. Sei nachsichtig, wenn es wichtig ist. Und sei weise genug, den Unterschied zu kennen.
Denn der beste Coach ist der, der dich nicht nur zu Höchstleistungen treibt, sondern dich auch auffängt, wenn du fällst.

Kapitel 5: Die unsichtbaren Mauern – Wie Glaubenssätze ganze Welten errichten (und wie du sie einreißt)

Stell dir vor, du läufst durch eine Landschaft. Der Himmel ist blau, der Weg ist frei, der Horizont ist endlos, alles scheint möglich, alles ist wunderbar. Du willst loslaufen, willst dich bewegen, willst Neues entdecken. Doch plötzlich taucht vor dir eine Mauer auf. Massiv, kalt, unüberwindbar. Auf der Mauer steht in fetten Buchstaben:

☞ **„Du kannst das nicht."**

Oder vielleicht:

☞ **„Du bist nicht gut genug."**

Vielleicht sogar:

☞ **„Das macht man nicht."**

Du schaust dich um. Die Mauer steht nur in deinem Kopf, aber sie fühlt sich an wie Beton.

Du könntest drumherum gehen, aber irgendetwas in dir sagt: „Das geht nicht." Also bleibst du stehen. Vielleicht setzt du dich hin. Vielleicht drehst du sogar um. Und genau das tun Glaubenssätze. Sie bauen unsichtbare Mauern in unserem Kopf. Sie begrenzen uns, halten uns klein und lassen uns glauben, dass wir niemals weiterkommen werden.

Und genau da liegt die größte Herausforderung: Unsichtbare Mauern sind schwer zu erkennen und noch schwerer einzureißen.

Das Experiment des unsichtbaren Käfigs: Elefanten und Menschen

In Indien gibt es ein bekanntes Beispiel: Elefanten werden von klein auf mit einem Strick am Bein gehalten. Der Strick ist stark, der Elefant ist schwach. Er zieht und zerrt, aber er kann nicht entkommen. Irgendwann gibt er auf.

Wenn der Elefant erwachsen ist, könnte er den Strick mit großer Leichtigkeit sprengen – doch er versucht es nicht mehr.

Denn in seinem Kopf existiert die Mauer: „Ich kann nicht entkommen."

Und jetzt mal ehrlich:

Wie viele Stricke / viele Ketten/... tragen wir noch mit uns herum, die wir längst sprengen könnten?

Wie viele unsichtbare Mauern halten uns zurück, obwohl wir die Kraft hätten, sie einzureißen?

Woher kommen diese Mauern?

Unsere mentalen Mauern entstehen aus Erfahrungen, Prägungen und dem, was wir von anderen gelernt haben. Oft bauen wir diese Mauern in jungen Jahren:
- Ein Lehrer sagt: „Du bist nicht kreativ."
- Ein Elternteil sagt: „Träume sind was für Spinner."
- Ein Trainer sagt: „Du bist nicht talentiert genug."

Das Gehirn speichert solche Sätze ab und ehe sie uns wirklich bewusst werden, sind sie schon Teil unserer Realität geworden. Wir hinterfragen sie nicht mehr – wir leben nach ihnen.

Für Sportler:
Die Mauer könnte heißen: „Du bist nur wertvoll, wenn du gewinnst."
Für Kopfmenschen:
Vielleicht lautete die Mauer: „Du darfst keinen Fehler machen."
Für Unternehmer:
Deine Mauer könnte schreien: „Risiken sind zu gefährlich. Bleib auf der sicheren Seite."

Die Wissenschaft hinter den Mauern
Die Psychologie nennt diese Mauern „kognitive Verzerrungen" oder „limitierende Glaubenssätze". Sie basieren oft auf vergangenen Erlebnissen und der Angst vor zukünftigen Fehlern. Das Gehirn baut diese Mauern, um uns zu schützen – doch oft hält es uns dadurch nur zurück.
Doch Neuroplastizität zeigt, dass unser Gehirn die Fähigkeit besitzt, neue Verbindungen zu schaffen. Das bedeutet: Alte Mauern können eingerissen und neue, stärkere Brücken gebaut werden. Dafür dürfen wir die Mauern erst einmal erkennen.

Reale Mauern und ihre Sprengmeister

Beispiel: Sir Roger Bannister und die 4-Minuten-Marke
In der Leichtathletik galt lange Zeit die 4-Minuten-Marke für eine Meile als unüberwindbar. Ärzte sagten, es sei körperlich unmöglich. Trainer glaubten es. Läufer akzeptierten es. Die unsichtbare Mauer war da: „Niemand kann die Meile in unter 4 Minuten laufen."
Bis 1954 ein Medizinstudent namens Roger Bannister kam und sagte: „Ach, wirklich?" Er lief die Meile in 3 Minuten und 59,4 Sekunden. Die Welt war schockiert. **Und was geschah danach?**
Plötzlich durchbrachen andere Läufer die 4-Minuten-Marke wie Dominosteine.
Die Mauer war nie echt. Sie existierte nur in den Köpfen der Menschen.

Für Sportler:
Was wäre, wenn die Limits, die du siehst, nur Illusionen sind?
Für Kopfmenschen:
Wie oft halten dich „logische" Grenzen zurück, die vielleicht gar nicht real sind?
Für Unternehmer:
Welche „unmöglichen" Ziele könnten erreichbar sein, wenn du die mentale Mauer einreißt?

Hinter frage es - genau jetzt... Nimm dir 1 Minute Zeit... tue es....

Der Weg aus dem Käfig: Wie du deine Mauern erkennst

1. Frage dich: Was ist meine Mauer?
2. Welcher Satz hält mich zurück? „Das kann ich nicht." „Das steht mir nicht zu." „Dafür bin ich nicht gut genug."
3. Woher kommt dieser Satz?
4. Ist es deine Stimme oder die eines Lehrers, Elternteils, Trainers? Oft übernehmen wir Glaubenssätze von anderen, ohne es zu merken.
5. Finde Gegenbeweise:
6. Sammle Situationen, in denen dieser Satz nicht stimmte. Beispiel: „Ich habe schon viele Herausforderungen gemeistert." - ein konkretes Beispiel.
7. Teste die Mauer:
8. Stell dir vor, du könntest einfach durch die Mauer gehen. Was wäre das Schlimmste, das passieren könnte? Was wäre das Beste?
9. Ersetze den Satz:
10. Statt „Ich kann das nicht" sagst du: **„Ich probiere es aus." „Ich bin bereit, neue Wege zu gehen."**
11. Statt „Ich bin nicht gut genug" sagst du: **„Ich bin bereit zu lernen."**
12. **Visualisiere das Einreißen:** Stell dir vor, wie du die Mauer einreißt. Sie zerbricht, Staub wirbelt auf und dahinter öffnet sich ein freier Weg.

Humorvoll durch die Wand: Mein persönlicher erster „Mauerbruch"

Ich erinnere mich an einen Moment im Training, als ich dachte: „Ich kann keinen Salto vom 10-Meter-Turm machen. Das geht nicht." Meine persönliche Mauer war so hoch wie der Eiffelturm. Mein Trainer sah mich an und sagte: „Weißt du was? Stell dir einfach vor, du springst von einem Hocker." Ein Hocker! Auf einmal war die Mauer nur noch ein kleines Hindernis. Ich kicherte, zuckte mit den Schultern und sprang. Und was soll ich sagen? Ich landete sicher im Wasser. Die Mauer war weg – und ich hatte eine neue Geschichte zu erzählen.

Schlussgedanke: Mauern sind da, um eingerissen zu werden

Ob du Sportler bist, ein Zahlenjongleur im Büro oder ein Visionär mit großen Plänen: Deine Mauern sind nur so stark, wie du sie glaubst. Lass uns die Vorschlaghämmer auspacken und ein paar Mauern einreißen. Dahinter wartet ein Horizont, den du vielleicht noch nie gesehen hast.

Am Ende des Tages sind die meisten Mauern in unserem Leben keine echten Hindernisse. Sie sind Illusionen, Geschichten, die wir uns erzählen. Doch jede Geschichte kann neu geschrieben werden.

Also schnapp dir deinen mentalen Vorschlaghammer und leg los. Dahinter wartet eine Welt, die größer ist, als du dir je vorgestellt hast.

Kapitel 6: Die Reise zu den Shaolin – Wenn der Geist in den Spagat geht - Disziplin für den Geist

Es gibt Orte, die man betritt und weiß: Hier wird etwas mit dir passieren. Der Boden scheint härter zu sein, die Luft klarer, die Zeit langsamer. Das Shaolin-Kloster in den Bergen Chinas ist so ein Ort. Hier, wo Jahrtausend alte Mauern Geschichten von Disziplin, Stärke und innerer Ruhe erzählen, stehe ich – eine Leistungssportlerin, die glaubte, vieles über Kontrolle und Training zu wissen.

Doch was ich hier gelernt habe, hatte nichts mit den Sprüngen, Drehungen oder Medaillen zu tun. Es geht um eine andere Art von Disziplin – eine, die nicht den Körper, sondern den Geist formt. Eine, die leise, unsichtbar und unglaublich mächtig ist.

Stell dir vor, du stehst frühmorgens im Nebel, irgendwo in den Bergen Chinas. Der Boden ist feucht und hart. Der Klang von Gongschlägen hallt durch die Luft und irgendwo kräht ein Hahn, der anscheinend beschlossen hat, die Nacht zu ignorieren. Dein Rücken schmerzt vom harten Schlafplatz, deine Beine zittern vor Muskelkater – und du fragst dich: „Was zum Teufel mache ich hier?"

Ach ja, stimmt ja: Ich bin hier, um meinen Geist zu trainieren. Nicht meinen Körper, nicht meine Sprungkraft oder meine Schraubentechnik – meinen Geist. Und weißt du was? Nach all den Jahren des Leistungssports war das irgendwie schwieriger, als einen Handstand auf einem wackeligen Balken zu machen.

Ich zog meine Schuhe an und trat vor die Tür. Der Hof war erfüllt von einer eigentümlichen Stille. Keine hupenden Autos, keine tickenden Uhren, nur das leise Schaben von Füßen auf Stein und das rhythmische Atmen der Mönche, die sich für das morgendliche Training sammelten.

Ich fühlte mich wie ein Fremdkörper in dieser Welt der Ruhe und Klarheit. Mein Körper wollte sich bewegen und mein Geist war unruhig. „Was mache ich hier eigentlich?", fragte ich mich erneut. Doch genau in diesem Moment spürte ich auch eine Ahnung von etwas Größerem: Hier würde ich etwas lernen, das ich nirgendwo anders finden konnte.

Der Spagat zwischen Körper und Geist
Mein erstes „Training" bei den Shaolin-Mönchen war ... nennen wir es mal eine Lektion in Demut. Da stand ich, die ehemalige Leistungssportlerin, selbstbewusst und motiviert, bereit für eine neue Herausforderung. Und dann kam die erste Aufgabe: „Steh still." Ja, du hast richtig gehört. Keine Sprünge, keine Drehungen, kein Sprinten – einfach nur stillstehen. Ich dachte, das wäre ein Witz. Stillstehen? Das kann doch nicht so schwer sein!

Doch während ich dort stand, mit leicht gebeugten Knien und gesenktem Kopf, begann der Kampf in meinem Kopf:
- „Wann geht's endlich los?"
- „Das bringt doch nichts!"
- „Meine Beine tun weh. Ich halte das nicht aus."

Ich spürte plötzlich jede Faser meines Körpers. Meine Gedanken wollten rasen und mein Geist? Der machte den Spagat zwischen „Ich schaffe das" und „Ich raste gleich aus".

Ich sah zu den Mönchen neben mir. Sie stehen ruhig, ihre Gesichter entspannt. Währenddessen tobte in mir ein Sturm. Minuten wurden zu Stunden. Mein Körper schreit nach Bewegung, mein Geist nach Ablenkung.
Doch nach einer gefühlten Ewigkeit passierte etwas Seltsames: Meine Gedanken wurden leiser.

Die Anspannung ließ nach. Ich spürte den Boden unter meinen Füßen, die Luft in meinen Lungen, den Nebel auf meiner Haut. Zum ersten Mal seit Langem war ich einfach da. Eine Stunde still stehend und kraftvoll.

Reflexion:
In diesem Moment begriff ich: Manchmal ist die größte Bewegung, die du machen kannst, einfach stillzustehen. Nicht nach vorne zu hetzen, nicht zu fliegen, sondern im Moment zu bleiben, egal wie unbequem er ist.

Für Sportler:
Du kannst einen Marathon laufen, aber kannst du auch einen Marathon in deinem eigenen Kopf durchhalten?

Für Kopfmenschen:
Stillstehen bedeutet nicht nur körperliche Ruhe, sondern auch mentale Stille. Klingt einfach, oder? Versuch's mal zehn Minuten lang – ohne To-do-Listen zu erstellen!

Für Unternehmer:
Manchmal ist „Nichts tun" die härteste Disziplin. Der wahre Fokus zeigt sich, wenn du alles andere loslässt.

Das Flüstern der Ameise
In diesem Moment der Stille hörte ich plötzlich ein Geräusch. Ein leises Knirschen. Ich sah nach unten – und da war sie: Eine kleine Ameise, die tapfer über den Boden krabbelte, direkt über meinen Fuß. Sie schien völlig unbeirrt von der Tatsache, dass dort ein zitterndes, schwitzendes Bündel Mensch stand, das versuchte, inneren Frieden zu finden.
Ich stellte mir vor, wie die Ameise sagte: „Entspann dich mal, Mensch! Ich mach hier nur meinen Job." Und genau das war der Punkt: Die Ameise machte einfach, was sie tun musste. Ohne Zweifel, ohne Angst vor Fehlern. Sie bewegte sich in ihrem eigenen Tempo, völlig im Einklang mit ihrer Welt.

Und ich? Ich kämpfte gegen meinen eigenen Geist, während eine Ameise mir Lektionen in Gelassenheit gab.

Die zweite Lektion: Der Geist ist wie ein wilder Affe

Nach dem Stehtraining sprach einer der Mönche zu uns. Er sagte:

„Der Geist ist wie ein wilder Affe." Er springt von Gedanke zu Gedanke, von Sorge zu Sorge. Deine Aufgabe ist es, den Affen zu beruhigen."

Ich dachte: „Toller Vergleich, aber wie beruhigt man einen Affen?" Die Antwort war einfach: Mit Geduld, Disziplin und Achtsamkeit. Jeder Atemzug, jede Bewegung, jede Stille war ein Werkzeug, um den wilden Affen zu zähmen.

Für Sportler:
Dein Körper mag fit sein, doch wie trainierst du deinen Geist? Kannst du den Fokus halten, wenn alles in dir schreit, aufzugeben? Oder kannst Du deinen Geist genau in dem Moment nutzen und 100% für deinen Erfolg liefern?

Für Kopfmenschen:
Kannst du den Gedankensturm beruhigen, ohne in ihn unterzugehen?

Für Unternehmer:
Kannst du inmitten des Chaos Ruhe bewahren und kluge Entscheidungen treffen?

Psychologischer Hintergrund: Der Wert der Achtsamkeit

Die Praxis des stillen Stehens und der Achtsamkeit ist wissenschaftlich gut erforscht. Studien zeigen, dass Achtsamkeit:

- Stress reduziert: Indem wir im Moment bleiben, beruhigt sich unser Nervensystem.
- Den Fokus verbessert: Ein trainierter Geist kann sich besser konzentrieren und lässt sich weniger ablenken.
- Emotionale Resilienz stärkt: Achtsamkeit hilft uns, mit schwierigen Gefühlen klarzukommen.

Alltägliche Blockaden: Wann brauchen wir Shaolin-Disziplin?

1. Im Büro: Wenn die To-Do-Liste explodiert und dein Kopf zu platzen droht.
2. Im Alltag: Wenn du vor Entscheidungen stehst und der innere Lärm zu laut wird.
3. Im Training: Wenn dein Körper kann, aber dein Geist blockiert.

Die Shaolin-Disziplin hilft dir, den Sturm zu beruhigen und die Kontrolle zurückzugewinnen.

Praktische Übung: Stehen wie ein Baum
- Stelle dich aufrecht hin. Füße schulterbreit, Knie leicht gebeugt, Arme locker an der Seite.
- Schließe die Augen. Atme tief ein und aus.
- Stelle dir vor, du bist ein Baum. Deine Füße sind Wurzeln, die tief in den Boden wachsen. Dein Kopf ist die Baumkrone, die sich dem Himmel entgegenstreckt.
- Spüre den Boden. Spüre deine Atmung.
- Wenn Gedanken kommen, lass sie ziehen. Kehr immer wieder zur Ruhe zurück.
- Bleib für 5 Minuten stehen. Steigere die Zeit nach **Belieben.**

Schlussgedanke: Die innere Festung
Die Shaolin-Mönche lehrten mich, dass wahre Disziplin nicht darin besteht, härter zu kämpfen, sondern den Geist zu beruhigen. Deine innere Festung wird nicht durch Mauern gebaut, sondern durch Ruhe, Klarheit und Achtsamkeit. Manchmal ist Stillstehen die größte Bewegung, die du machen kannst.

Kapitel 7: Indien – Kundalini und die innere Energiequelle
Der heilige Wahnsinn: Eine Reise ins Herz der inneren Energie
Indien ist nicht nur ein Land – es ist ein Erlebnis. Ein scharfes Curry für die Sinne. Ein Kaleidoskop aus Farben, Gerüchen und Geräuschen, das deinen Geist einmal kräftig durchschüttelt. Ich erinnere mich an den Moment, als ich das erste Mal indischen Boden betrat: Der Lärm der Straßenhändler, das Hupen der Rikschas, der Duft von Gewürzen, der sich mit dem Geruch von Räucherstäbchen und Diesel mischte. Mein Kopf sagte: „Was für ein Chaos!" Mein Herz flüsterte: „Was für eine Chance!

Ich war hier, um etwas zu entdecken, das mir bisher bewusst verborgen geblieben war: meine innere Energiequelle – die Kundalini. Ein kraftvoller Strom, der angeblich in jedem von uns schlummert und nur darauf wartet, geweckt zu werden. Klingt abgehoben? Vielleicht. Aber lass mich dir etwas verraten: Auch wenn du nicht an Chakren, Energiewirbel und spirituelle Schlangen glaubst – die Idee, dass in dir eine Quelle ungenutzter Kraft liegt, ist alles andere als esoterisch.

Was ist Kundalini eigentlich?

Stell dir vor, du hast in deinem Keller eine alte, rostige Leitung. Du weißt, dass sie irgendwo hinführt, aber niemand hat sie seit Jahren benutzt. Vielleicht tropft es manchmal ein bisschen, aber der große Strom fließt nicht. Genau so ist es mit der Kundalini-Energie. Sie liegt tief in uns – oft verschüttet unter Stress, Routine und den Mauern unseres Verstandes. In der traditionellen indischen Lehre wird Kundalini als eine Schlange dargestellt, die zusammengerollt an der Basis deiner Wirbelsäule schläft. Wird sie geweckt, steigt sie nach oben durch deine Chakren – deine Energiezentren – und bringt alles in Fluss: Kreativität, Lebensfreude, Klarheit, Mut.

Für Sportler:

Stell dir vor, deine Energiequelle wäre ein Superbooster, der nicht nur deine Muskeln, sondern auch deinen Geist mit Kraft füllt.

Für Kopfmenschen:

Eine Quelle, die den Nebel in deinem Gehirn wegpustet und Platz für klare Gedanken schafft.

Für Unternehmer:

Ein Reservoir an kreativer Energie, das dir hilft, mutige Entscheidungen zu treffen und deine Visionen zu verwirklichen.

Mein erstes Kundalini-Erwachen – oder der Versuch davon

Ich saß in Rishikesh, einem kleinen Ort am Fuße des Himalaya, der bekannt ist für Yoga, Meditation und spirituelle Sucher, die mit offenen Herzen und verschlossenen Geldbörsen ankommen. Der Raum war gefüllt mit Räucherstäbchenduft und den leisen Summen von Mantras. Unser Lehrer – ein alter, weiser Mann mit strahlenden Augen – sagte nur:

„Atme tief ein. Schließe die Augen. Spüre die Energie in dir."

„Okay", dachte ich. „Das kann ja nicht so schwer sein." Ich hatte ja in China schon trainiert und das habe ich auch im Alltag beibehalten.

Ich schloss die Augen, atmete tief ein … und dachte auf einmal an mein nicht so gutes Englisch, wie soll ich das hier alles schaffen. Der Schweiß lief mir den Körper runter, weil es so heiß war. Meine Gedanken musste ich immer wieder bündeln und fokussieren.

Der Lehrer sprach weiter: „Stell dir vor, eine warme, goldene Schlange windet sich langsam deine Wirbelsäule hinauf."

Eine Schlange? Auch wenn ich mich mit der Kundalini-Energie schon Jahre beschäftigte, doch im ersten Moment war mein unkontrollierter Verstand schneller und mich schauerte es, denn „Schlangen gehören nicht zu meinen Lieblingstieren!"

Doch plötzlich – für einen kurzen Moment – spürte ich etwas. Ein wärmendes Kribbeln am unteren Rücken. Ein leises Fließen. Ein Hauch von … Ruhe. Es war, als hätte jemand einen Lichtschalter in mir angeknipst.

Reflexion:
Vielleicht war es keine spirituelle Schlange. Vielleicht war es einfach der Moment, in dem ich aufhörte zu kämpfen und mich zu fühlen. Und vielleicht ist das genau der Punkt: Manchmal liegt die größte Energie darin, loszulassen.

Und in den weiteren Stunden des Kundalini-Unterricht habe ich großartige Momente erlebt. Und nicht nur die Verbindung zwischen Körper, Geist und Seele. Ich war so tief verbunden.

Die Wissenschaft hinter der Energie

Auch wenn die Vorstellung einer schlafenden Schlange für viele zu exotisch klingt, gibt es wissenschaftliche Erklärungen für das Phänomen der Kundalini-Erweckung:

- Das autonome Nervensystem: Kundalini-Übungen stimulieren den Vagusnerv, der für Ruhe und Erholung sorgt.
- Neurotransmitter: Atemübungen und Meditation erhöhen die Ausschüttung von Serotonin und Dopamin – unseren natürlichen Glücksbotenstoffen.
- Gehirnaktivität: Studien zeigen, dass intensive Meditation die Aktivität im präfrontalen Kortex verlagert, was zu mehr Fokus und Klarheit führt.

Kurz gesagt: Kundalini ist kein Hokuspokus. Es ist ein Weg, um den Energieschalter in deinem Körper und Geist zu betätigen.

Alltägliche Blockaden: Wann brauchst du Kundalini-Energie?

1. Im Job: Wenn du vor lauter Stress und To-dos den Überblick verlierst.
2. Im Training: Wenn deine Motivation auf dem Tiefpunkt ist.
3. Im Alltag: Wenn du das Gefühl hast, auf Autopilot zu laufen und dich ausgebrannt fühlst.

Kundalini-Übungen helfen dir, wieder in den Fluss zu kommen – ohne dass du dafür nach Indien reisen oder Schlangen in deinem Rücken heraufbeschwören musst.

Praktische Übung: Die Kundalini-Atemübung

1. Setze dich bequem hin. Rücken gerade, Füße flach auf dem Boden.
2. Schließe die Augen und atme tief ein. Stell dir vor, du atmest goldenes Licht ein, das bis zu deinem unteren Rücken fließt.
3. Beim Ausatmen stell dir vor, wie das Licht langsam nach oben steigt. Durch deinen Bauch, deine Brust, bis zu deinem Kopf.
4. Wiederhole das 5-10 Minuten. Spüre, wie die Wärme und das Licht dich füllen.
5. Öffnet die Augen und lächle. Ja, lächle – das gehört dazu!

Schlussgedanke: Die Energiequelle in Dir

Egal, ob du an Kundalini glaubst oder nicht – die Vorstellung, dass in dir eine ungenutzte Energiequelle schlummert, ist mächtig. Sie erinnern dich daran, dass du mehr bist als deine Erschöpfung, deine Zweifel oder dein Alltagstrott. In dir steckt Kraft, Klarheit und Kreativität, die nur darauf wartet, geweckt zu werden.

Manchmal musst du nur tief atmen und der Schlange erlauben, sich zu regenerieren.

Kapitel 8: Peru – Die schamanische Heilreise

Der Ruf der Anden: Auf der Suche nach Heilung

Manchmal ruft das Leben dich immer wieder mal zu Orten. Peru war für mich wieder so ein Ort. Ich hatte keine klare Vorstellung davon, was mich dort erwarten würde. Alles, was ich wusste, war: Etwas in mir wollte weiteres tiefes Wissen von einer uralten Tradition lernen. Meine Reise nach Peru führte mich tief in den Amazonas und einem Wissen, das älter war als jede moderne Therapie. Dort wartete der Schamane, deren Werkzeuge keine Skalpellklingen, sondern Trommeln, Gesänge und Pflanzen waren. Ihr Ziel? Die Seele zu heilen. Klingt mystisch? Ja, das war es auch. Aber wie ich feststellen konnte: Manchmal braucht Heilung ein bisschen Magie – oder zumindest die Bereitschaft, sich auf das Unbekannte einzulassen.

Der erste Kontakt: Schamanen und ihre Heilrituale

Ich erinnere mich an die erste Begegnung mit Joven, einem Schamanen mit einem freundlichen Gesicht und Augen, die alles zu sehen schienen – inklusive der Dinge, die du lieber verstecken würdest. Er begrüßte mich nicht mit einem festen Händedruck, sondern mit einem sanften Blick und einem Satz: „Hallo Katiiii."

Der Satz, der alles veränderte, war: "Trink Katiiii und "Gute Reise". Der Beginn meiner 9 Ayahuasca Zeremonien.

Joven erklärte mir, dass wir alle diese „Steine" aus prägenden Glaubenssätzen, Ängste, Enttäuschungen in unserem Lebensrucksack sammeln, oft ohne es zu merken. Und irgendwann sind wir so schwer beladen, dass wir kaum noch vorankommen.

Für Sportler:
Die „Steine" können der Druck gewinnen oder die Angst vorm Scheitern sein.

Für Kopfmenschen:
Perfektionismus, Überanalyse oder Selbstzweifel, die deinen Geist blockieren.

Für Unternehmer:
Die Last der Verantwortung, das Gefühl, immer alles alleine stemmen zu müssen. Die absolute Kontrolle.

Manchmal braucht unser Geist eine Geste, einen Akt der Befreiung, um loslassen zu können.

Die Wissenschaft hinter schamanischen Ritualen
Auch wenn schamanische Rituale mystisch erscheinen, gibt es wissenschaftliche Erklärungen für ihre Wirkung:
- Symbolische Handlung: Rituale geben unserem Unterbewusstsein die Erlaubnis, Altes loszulassen und Neues zuzulassen.
- Psychosomatische Heilung: Durch Visualisierung und körperliche Aktionen werden emotionale Blockaden gelöst.
- Gruppendynamik: In einem Kreis von Menschen zu sitzen, die dasselbe tun, schafft ein Gefühl von Gemeinschaft und Unterstützung.

Kurz gesagt: Unser Gehirn liebt Rituale. Sie helfen uns, Veränderungen zu verankern und uns von Altlasten zu befreien.

Alltägliche Blockaden: Wann brauchst du ein Loslass-Ritual?

1. Nach einem Rückschlag: Ein verlorener Wettkampf, ein gescheitertes Projekt, eine Enttäuschung.
2. Bei großen Veränderungen: Ein neuer Job, eine neue Beziehung, ein neuer Lebensabschnitt.
3. Bei emotionalem Ballast: Wenn alte Ängste oder Glaubenssätze dich lähmen.

Schlussgedanke: Heilung braucht Mut

Meine Reise nach Peru lehrte mich, dass Heilung nicht linear ist. Manchmal braucht es Feuer, manchmal Tränen, manchmal das Flüstern zu einem Stein. Es braucht den Mut, sich auf das Unbekannte einzulassen und die Bereitschaft, Altes loszulassen.

Denn wenn du den Ballast abwirfst, wird der Weg vor dir plötzlich leichter.

Einige bekannte Bespiele:

Der Marathonläufer, der seine Traumata losließ – Eliud Kipchoge

Eliud Kipchoge, der erste Mensch, der einen Marathon in unter zwei Stunden lief, spricht oft darüber, dass seine mentale Stärke genauso wichtig war wie seine körperliche Ausdauer. Bevor er Geschichte schrieb, hatte er viele Rückschläge zu verkraften. Kipchoge praktizierte Rituale des Loslassens, um Ängste und Zweifel zu überwinden.

Sein Ritual:

Er visualisiert jeden negativen Gedanken als ein kleines Blatt, das er in einen Fluss legt. Das Wasser trägt es weg, bis es aus seinem Blickfeld verschwindet. Dieses mentale „Loslassen" hilft ihm, klar und konzentriert zu bleiben.

Lektion:

Egal, ob du auf dem Sportplatz oder im Leben rennst – das Loslassen von Zweifeln macht den Weg frei für Erfolg.

Die Neurowissenschaftlerin, die Heilung fand – Dr. Jill Bolte Taylor

Dr. Jill Bolte Taylor erlitt einen schweren Schlaganfall, der ihre linke Gehirnhälfte vorübergehend ausschaltete. Während ihres Heilungsprozesses erlebte sie, wie es ist, komplett im gegenwärtigen Moment zu leben – ohne Ängste, ohne negative Glaubenssätze. Sie verglich diesen Zustand mit einer spirituellen Erleuchtung.

Ihr Ritual:

Dr. Taylor entwickelte eine Praxis des bewussten „Loslassens", indem sie ihre Gedanken und Emotionen bewusst „beobachtete" und negative Muster nicht festhielt.

Lektion:
Manchmal bedarf es einer Heilung, dass wir alte Denkmuster und Glaubenssätze bewusst loslassen, um zu einer tieferen Klarheit zu gelangen.

Die Unternehmerin, die durch Scheitern Erfolg fand – Arianna Huffington

Arianna Huffington, die Gründerin der „Huffington Post", erlitt einen völligen Zusammenbruch durch Überarbeitung. Sie erkannte, dass ihre Glaubenssätze über Erfolg – „Mehr arbeiten mehr leisten" – sie krank machten.

Ihr Ritual:
Huffington entwickelte eine Praxis des „mentalen Entgiftens". Sie schrieb ihre größten Ängste und Zweifel auf Zettel und verbrannte sie in einer Feuerschale. Dieses Ritual half ihr, alte Überzeugungen loszulassen und neue, gesündere Arbeitsweisen zu entwickeln.

Lektion:
Manchmal müssen wir „alte Denkmuster verbrennen", um Raum für neue Wege zu schaffen.

Der Schauspieler, der seine Blockaden überwand – Jim Carrey

Jim Carrey, bekannt für seine humorvollen Rollen, kämpft jahrelang mit Selbstzweifeln und Depressionen. Er nutzte schamanische Rituale und Visualisierungen, um seine Blockaden zu überwinden.

Sein Ritual:
Er schrieb sich selbst einen Scheck über 10 Millionen Dollar und datierte ihn auf ein zukünftiges Datum. Er „gab" seine Zweifel an das Universum ab und stellte sich vor, wie seine Träume Realität wurden. Jahre später erhielt er tatsächlich eine Gage von 10 Millionen Dollar für seine Rolle in „Dumm und Dümmer".

Lektion:
Das Loslassen von Zweifeln kann dir helfen, deine Vision klarer zu sehen und deinen Weg zu gehen.

Die Surferin, die ihre Ängste besiegte – Bethany Hamilton
Die Profi-Surferin Bethany Hamilton verlor im Alter von 13 Jahren ihren linken Arm durch einen Haiangriff. Anstatt ihre Leidenschaft aufzugeben, gehen sie durch einen intensiven mentalen Heilungsprozess, um ihre Ängste loszulassen.
Ihr Ritual:
Vor jedem großen Wettbewerb schrieb sie ihre Ängste auf und übergab sie symbolisch dem Ozean. Für sie war das Wasser nicht nur ein Ort des Sports, sondern auch der Heilung.
Lektion:
Manchmal bedarf es einer Heilung, dass wir unsere Ängste an etwas Größeres abgeben – sei es ein Ozean, ein Ritual oder unser Vertrauen in den Lebensfluss.

Der Musiker, der innere Konflikte losließ – Kendrick Lamar
Der Rapper Kendrick Lamar verarbeitet in seiner Musik häufig persönliche Kämpfe und gesellschaftliche Themen. In einem Interview erzählte er, dass er schamanische Rituale zur Selbstheilung nutzte, um emotionale Blockaden zu lösen.
Sein Ritual:
Er nahm an einer Feuerzeremonie teil, bei der er alte Ängste symbolisch verbrannte. Diese Erfahrung half ihm, emotionale Klarheit zu gewinnen und seine Musik freier zu gestalten.
Lektion:
Heilung bedeutet oft, die Verletzungen unserer Vergangenheit zu verbrennen, um Platz für neue Kreativität und Freiheit zu schaffen.

Schlussgedanke: Loslassen

Egal, ob du ein Spitzensportler, ein Kopfmensch, ein Unternehmer oder einfach ein Mensch bist, der seine Lasten trägt – diese Geschichten zeigen: Heilung und Loslassen sind universell. Rituale helfen uns, die Mauern unserer Blockaden zu durchbrechen.

Manchmal braucht es ein kleines Feuer, einen stillen Moment oder eine bewusste Entscheidung, um die Steine abzuwerfen, die wir so lange getragen haben.

Kapitel 9: Kopfmenschen und das Labyrinth der Gedanken

Willkommen im Gedankendschungel

Hast du jemals versucht, deinen eigenen Gedanken zu entkommen? Es ist, als wärst du in einem Labyrinth gefangen – die Wände bestehen aus „Was wäre, wenn?", die Wege aus „Hätte ich doch nur …", und jeder Ausgang scheint zu einem neuen Problem zu führen.

Ich kenne diesen Ort gut. Es ist ein seltsamer, manchmal beängstigender, oft frustrierender Ort, an dem alles doppelt und dreifach analysiert wird. Entscheidungen werden vertagt, Probleme aufgebauscht und Sorgen liebevoll gepflegt wie seltene Bonsai-Bäume. Willkommen im Gedankendschungel

Die Gedankenspirale: Ein ganz normaler Tag im Kopf

Ein Beispiel aus meinem eigenen Leben: Ich lag nachts im Bett und wollte schlafen. Doch statt Ruhe zu finden, begann mein Gehirn ein Feuerwerk zu zünden:

- „Habe ich die E-Mail richtig formuliert?"
- „Was, wenn ich etwas vergessen habe?"
- „Warum hat XY heute so komisch geguckt?" War das ein Zeichen?"
- "Habe ich heute alles für mein Kind getan?"

Je mehr ich versuchte, die Gedanken zu stoppen, desto lauter wurden sie. Ich drehte mich von einer Seite zur anderen und plötzlich fand ich mich um 3 Uhr morgens bei der Frage: „Warum haben Giraffen eigentlich so lange Hälse?"

Reflexion:
Für Kopfmenschen sind Gedanken wie wilde Affen – sie springen von Ast zu Ast, lassen sich kaum einfangen und scheinen einen Heidenspaß daran zu haben, dich wach zu halten.

Der innere Analytiker: Gut gemeint, aber oft übertrieben
Kopfmenschen haben einen inneren Analytiker, der immer im Einsatz ist. Dieser Analytiker ist ein Meister des Grübelns und der Hypothesenbildung:

Für Sportler:
„War das Training optimal?" Hätte ich noch eine Runde laufen sollen?"

Für Unternehmer:
„Ist das die richtige Entscheidung?" Was, wenn ich etwas übersehe?"

Für kreative Menschen:
„Ist meine Arbeit gut genug?" Was, wenn niemand sie mag?"
Der Analytiker wird helfen, aber oft macht er alles komplizierter. Statt Klarheit zu schaffen, erzeugt er Zweifel, Sorgen und lähmende Überlegungen.

Das Paradox des Überdenkens
Je mehr du denkst, desto weniger kommst du zu einem Ergebnis. Warum? Weil dein Gehirn in die „Overthinking-Falle" tappt. Wissenschaftler nennen das auch „ruminatives Denken" – wie eine Kuh, die immer wiederkäut. Statt zu einer Lösung zu kommen, drehst du dich im Kreis.

Psychologischer Hintergrund:
Laut Studien erhöht übermäßiges Grübeln das Risiko für Angstzustände und Depressionen. Das Gehirn wird von Informationen überflutet und statt klar zu denken, gerätst du in einen Nebel aus Zweifeln.

Wie du aus dem Labyrinth herausfindest
1. Der Gedankenstopp-Trick
Wenn du merkst, dass du dich im Kreis drehst, sag innerlich oder laut: „Stopp!". Stell dir vor, du hältst eine große Stopptafel hoch. Dieser einfache Impuls hilft, die Gedankenspirale zu unterbrechen.

2. Die 5-4-3-2-1-Methode
Eine effektive Achtsamkeitsübung, um dich aus dem Kopf ins Hier und Jetzt zu holen:
- 5 Dinge sehen: Schau dich um und nenne fünf Dinge, die du siehst.
- 4 Dinge fühlen: Spüre vier Dinge – z.B. den Boden unter deinen Füßen, die Kleidung auf deiner Haut.
- 3 Dinge hören: Höre drei Geräusche um dich herum.
- 2 Dinge riechen: Nimm zwei Gerüche wahr (z.B. Kaffee, Parfüm).
- 1 Sache schmecken: Spüre den Geschmack in deinem Mund.

3. Die „Worst-Case-Analyse" mit Humor
Frage dich: „Was ist das Schlimmste, was passieren kann?"
Oft ist die Antwort absurder als gedacht. Humor hilft, den Ernst aus der Situation zu nehmen.
- „Was, wenn ich die Präsentation vermassle?"
- Antwort: „Dann werde ich wohl nicht sofort ins Exil geschickt."

Inspirierende Beispiele für den Ausweg aus dem Gedankendschungel

Albert Einstein und seine Denkpausen

Albert Einstein wusste um die Gefahr des Überdenkens. Wenn er sich in einer Problemstellung verlor, machte er bewusst Pausen: Er ging spazieren, spielte Geige oder döste. Oft kamen die besten Ideen, wenn er das Denken losließ.

Lektion:
Manchmal entstehen Lösungen nicht durch mehr Nachdenken, sondern durch weniger.

Elizabeth Gilbert und die kreativen Zweifel

Die Autorin von „Eat Pray Love", Elizabeth Gilbert, kämpfte oft mit Selbstzweifeln. Ihr Trick? Sie schrieben ihre Zweifel auf, stellte sich vor, dass dies Briefe von „Mr. Angst" waren und beantwortete sie freundlich, aber bestimmt: „Danke für deine Meinung, aber ich mache jetzt weiter."

Lektion:
Behandle deine Gedanken wie nervöse Mitbewohner – höre ihnen zu, aber lass sie nicht dein Leben bestimmen.

Praktische Übung: Der „Gedanken-Parkplatz"

1. Setze dich mit einem Blatt Papier hin.
2. Schreibe alle Gedanken und Sorgen auf, die dich beschäftigen.
3. Lege das Papier in eine Schublade oder eine Box.
4. Sag dir: „Ich parke diese Gedanken hier und komme später darauf zurück."
5. Vertraue darauf, dass die Gedanken dort sicher sind. Oft löse sie sich auf, wenn du sie nicht festhältst.

Schlussgedanke: Raus aus dem Labyrinth

Dein Verstand ist ein wunderbares Werkzeug – aber er muss nicht ständig im Einsatz sein. Manchmal ist es okay, die Tür zu deinem Gedankendschungel zu schließen, tief durchzuatmen und einfach nur zu sein.

Denn Klarheit entsteht nicht im Sturm der Gedanken, sondern in der Ruhe dazwischen.

Kapitel 10: Unternehmer – Erfolg ohne mentale Fußfesseln

Das unsichtbare Gepäck des Erfolgs

Wenn du an einen erfolgreichen Unternehmer denkst, siehst du vielleicht strahlende Gesichter, glänzende Büros und Menschen, die scheinbar mühelos ihre Ziele erreichen. Was du nicht siehst, ist das unsichtbare Gepäck, das sie oft mit sich herumschleppen:

- Die Angst vor dem Scheitern.
- Den Druck, immer alles im Griff zu haben.
- Den Glauben, dass sie allein stark sein müssen.

Diese mentalen Fußfesseln sind wie unsichtbare Gewichte, die jeden Schritt erschweren. Manchmal merkst du gar nicht, wie schwer sie sind – bis du innehältst und spürst, wie sehr sie dich bremsen.

Reflexion:

Erfolg ist nicht nur eine Frage von Strategie und Geschäftssinn. Es ist auch eine Frage davon, wie frei dein Geist ist, um zu träumen, zu entscheiden und zu wagen.

Mein eigener „Fußfessel-Moment"

Ich erinnere mich an ein Projekt, bei dem alles perfekt laufen sollte. Ich hatte einen Plan, eine Strategie und eine To-Do-Liste, die länger war als ein chinesischer Glückskeks-Spruch. Doch je mehr ich kontrollieren wollte, desto mehr schien alles aus dem Ruder zu laufen.

Plötzlich war da dieser Gedanke: „Wenn das schiefgeht, bist du gescheitert." Und wenn du scheiterst, bist du nicht gut genug."

Da war sie wieder: Die Fußfessel aus Angst und Perfektionismus. Mein innerer Kritiker kicherte hämisch und sagte: „Siehst du? Du hast es nicht im Griff."

Doch dann passierte etwas Überraschendes.

Ich sah mir tief in die Augen, vielleicht sogar das erste Mal richtig und sagte mir: „Weißt du, was du tun musst?" Lass mal los. Versuch's einfach. Was hast du zu verlieren?" Vertraue einfach.

Lass mal los. Zwei einfache Worte, die sich wie der Schlüssel zu einer rostigen Kette anfühlen.

Die drei häufigsten Fußfesseln von Unternehmern

1. Die Fußfessel der Kontrolle: „Ich muss alles im Griff haben"
Symptome:

- Du kannst schlecht delegieren.
- Du überprüfst jede Kleinigkeit selbst.
- Du fühlst dich für alles verantwortlich.

Humorvoller Vergleich:

Du bist wie ein Zirkusdirektor, der versucht, alle Jonglierbälle selbst zu jonglieren – während er gleichzeitig auf einem Einrad balanciert und Feuer spuckt.

Lösung:
- Vertrau deinem Team. Es sind keine Praktikanten des Schicksals, sondern Menschen, die ihre eigenen Stärken haben.
- Fehler. Ja, manchmal fallen Bälle runter. Na und? Solange keiner in Flammen aufgeht, ist alles gut.

2. Die Fußfessel des Perfektionismus: „Gut ist nicht gut genug"
Symptome:
- Du arbeitest endlos an Details.
- Ein Projekt ist noch nicht „fertig" genug, um es zu veröffentlichen.
- Du hast Angst davor, kritisiert zu werden.

Humorvoller Vergleich:
Du bist wie jemand, der seine Wohnung fünf Stunden lang putzt, bevor der Pizzabote kommt – nur für den Fall, dass er denkt, du wärst schlampig.
Lösung:
- Setze dir eine „Deadline des Mutes". Anstatt zu warten, bis alles perfekt ist, veröffentliche es, wenn es „gut genug" ist.
- Erinnere dich: Perfektion ist eine Illusion. Deine „gut genug"-Version ist wahrscheinlich schon großartig für andere.

3. Die Fußfessel der Selbstaufopferung: „Ich muss stark bleiben"
Symptome:
- Du nimmst keine Pausen.
- Du glaubst, Schwäche zu zeigen ist ein Zeichen von Versagen.
- Du fühlst dich erschöpft, aber machst trotzdem weiter.

Humorvoller Vergleich:
Du bist wie ein Smartphone, das ständig auf 1 % Akku läuft, aber trotzdem alle Apps gleichzeitig offen hat.

Lösung:
- Erlaube dir Pausen. Auch ein Akku muss geladen werden. Und nein, du wirst nicht „entlassen", wenn du mal eine Stunde für dich nimmst.
- Zeige Verletzlichkeit. Manchmal ist der stärkste Satz: „Ich brauche Hilfe." Es schafft Verbindung und Vertrauen.

Inspirierende Beispiele für „Fußfesselsprenger"

Sara Blakely – Gründerin von SPANX
Sara Blakely, eine der erfolgreichsten Unternehmerinnen der Welt, sagt offen: „Ich habe keine Angst vor dem Scheitern. Meine größte Angst ist, es nie versucht zu haben." Sie erinnert sich daran, wie ihr Vater sie jeden Abend fragte: „Was hast du heute versucht und bist gescheitert?" Für sie wurde Scheitern zu einem Zeichen von Mut.
Lektion:
Erfolg bedeutet nicht, nie zu stolpern – sondern immer wieder aufzustehen und weiterzugehen.

Richard Branson – Gründer von Virgin
Richard Branson ist bekannt für seine Abenteuerlust und Risikobereitschaft. Sein Motto lautet: „Scheiß drauf, lass es uns machen!" Er vertraut seinen Teams, delegiert Aufgaben und wagt Neues, auch wenn der Ausgang ungewiss ist.
Lektion:
Manchmal ist es besser, einfach zu springen und den Fallschirm unterwegs zu nähen.

Praktische Übung: Die Fußfesseln ablegen

1. Setze dich mit einem Stift und Papier hin.
2. Notiere drei Dinge, bei denen du dich kontrolliert, perfektionistisch oder überfordert fühlst.
3. Frage Dich:
   - Was ist das Schlimmste, was passieren kann, wenn ich loslasse?
   - Was könnte ich gewinnen, wenn ich die Kontrolle abgebe?
4. Wähle eine Sache und lege die Fußfessel ab:
   - Delegiere eine Aufgabe.
   - Veröffentliche ein Projekt, das „gut genug" ist.
   - Plane eine bewusste Pause für dich selbst ein.

Schlussgedanke: Freiheit führt zum Erfolg

Erfolg ist kein 100-Meter-Sprint mit Betonklötzen an den Füßen. Es ist ein Tanz – mit Mut, Vertrauen und der Fähigkeit, loszulassen. Deine größte Stärke als Unternehmer oder Lebensgestalter liegt nicht darin, alles perfekt zu kontrollieren, sondern darin, freier zu denken, mutiger zu handeln und dir selbst zu erlauben, Mensch zu sein.

Schnall die Fußfesseln ab und tanze los. Der Weg gehört dir!

Kapitel 11: Praktische Übungen – Dein persönlicher Werkzeugkasten

Warum ein Werkzeugkasten für den Geist?

Stell dir vor, dein Geist ist ein komplexes Gebäude. Es gibt Räume voller Ideen, Flure voller Erinnerungen und Dachböden, auf denen alte Glaubenssätze herumspuken. Manchmal sind Türen verklemmt, Fenster zu schmutzig, um durchzusehen, oder Treppen blockiert. Genau dann brauchst du die richtigen Werkzeuge, um alles wieder in Fluss zu bringen.

Ein Handwerker hat seinen Werkzeugkasten für alle Fälle – und jetzt bekommst du auch deinen persönlichen Werkzeugkasten für den Geist. Damit kannst du:

- Blockaden lösen
- Energie freisetzen
- Fokus schärfen
- Altes durchbrechen

Und das Beste daran? Diese Werkzeuge sind einfach, praktisch und funktionieren im Alltag.

1. Der „Gedanken-Durchbruch" – Für Kopfmenschen und Grübler

Ziel: Gedankenspiralen stoppen und den Fokus zurückgewinnen.

Anleitung:

- Setze dich bequem hin. Schließe die Augen und atme tief ein.
- Stelle dir einen Staudamm vor. Er hält einen Fluss aus Gedanken zurück.
- Visualisiere, wie der Damm Risse bekommt. Ein Rinnsal bahnt sich seinen Weg.
- Jetzt bricht der Damm. Alle Gedanken fließen frei ab, der Fluss wird ruhig.
- Atme tief aus. Spüre, wie dein Kopf klarer wird.

Wann anwenden:

- Wenn du dich in Gedanken verlierst.
- Vor wichtigen Entscheidungen oder Präsentationen.

2. Die „30-Sekunden-Power-Pose" – Für Selbstvertrauen und Mut

Ziel: Selbstbewusstsein stärken und Mut aktivieren.

Anleitung:

- Stelle dich aufrecht hin. Füße schulterbreit, Hände in die Hüften.
- Brust raus, Schultern zurück.
- Kopf hoch, Blick nach vorne.
- Lächle! Auch wenn es komisch wirkt.
- Bleib 60 Sekunden in dieser Pose. Atme tief und spüre, wie dein Körper Selbstbewusstsein ausstrahlt.

Wissenschaftlicher Hintergrund:
Studien von Amy Cuddy zeigen, dass Power-Posen den Testosteronspiegel (Selbstbewusstsein) erhöhen, Glückshormone ausgeschüttet werden und das Stresshormon Cortisol sinkt.

Wann anwenden:
- Vor einem Wettkampf oder einem wichtigen Meeting.
- Immer, wenn du dich klein oder unsicher fühlst.

3. Der „Schreib's-raus-Reset" – Für emotionales Loslassen
Ziel: Negative Gedanken und Gefühle loslassen.

Anleitung:
- Nimm dir ein Blatt Papier und einen Stift.
- Schreibe alles auf, was dich belastet. Lass es einfach fließen, ohne darüber nachzudenken.
- Nach 5 Minuten: Zerreiße das Papier. Oder verbrennen es sicher (Feuerschale oder Kamin).
- Atme tief durch. Spüre die Erleichterung.

Warum es funktioniert:
Das Aufschreiben hilft deinem Gehirn, Gedanken zu „entladen" und loszulassen.

Wann anwenden:
- Nach stressigen Tagen oder Konflikten.
- Vor dem Schlafengehen, um den Kopf zu beruhigen.

4. Die „Zwei-Minuten-Meditation" – Für Ruhe und Klarheit
Ziel: Den Geist beruhigen und Achtsamkeit stärken.

Anleitung:
- Setze dich bequem hin. Schließe die Augen.
- Atme tief ein und aus. Konzentriere dich auf deinen Atem.
- Wenn Gedanken kommen, beobachte sie einfach. Lass sie weiterziehen wie Wolken am Himmel.
- Nach zwei Minuten öffne die Augen. Spüre die Ruhe in dir.

Wann anwenden:
- Bei Stress oder Überforderung.
- Als kurzer Reset zwischendurch.

5. Der „Worst-Case-Comedy-Check" – Für überwältigende Sorgen
Ziel: Sorgen relativieren und Humor nutzen, um Ängste abzubauen.

Anleitung:
- Denke an deine größte Sorge. Was könnte schiefgehen?
- Male dir den schlimmsten Ausgang aus – humorvoll und übertrieben.
- Beispiel: „Wenn ich die Präsentation verhaue, werde ich wahrscheinlich Entertainer in einem Zirkus in Sibirien sein."
- Lache darüber. Erkenne, wie absurd es ist.
- Frage dich: „Was ist wirklich realistisch das Schlimmste?" Oft ist es halb so wild.

Wann anwenden:
- Wenn du dich von Sorgen überwältigt fühlst.
- Vor stressigen Situationen.

6. Der „Fünf-Minuten-Siegerfilm" – Für Motivation und Fokus

Ziel: Motivation steigern und Erfolge visualisieren.

Anleitung:
- Schließe die Augen. Atme tief durch.
- Stell dir vor, du bist der Star in einem „Siegerfilm".
  - Du meisterst Herausforderungen.
  - Du triffst die richtigen Entscheidungen.
  - Du siehst dich selbst erfolgreich und zufrieden.
- Spule den Film in Gedanken durch. Fühle die Energie und den Stolz.
- Öffne die Augen und starte mit neuer Kraft.

Wann anwenden:
- Vor großen Herausforderungen.
- Wenn du Motivation brauchst.

Schlussgedanke: Dein Werkzeugkasten, deine Freiheit

Dieser Werkzeugkasten ist dein persönlicher Begleiter. Jeder Hammer, Schraubendreher und jede Zange für deinen Geist hilft dir, deine Blockaden zu lösen, deine Energie zu aktivieren und deinen Fokus zu schärfen. Du hast die Wahl:
- Steck ihn ein. Nutze die Werkzeuge, wann immer du sie brauchst.
- Probier sie aus. Finde heraus, was für dich funktioniert.
- Erweitere ihn. Mit neuen Übungen, die du im Laufe deines Lebens entdeckst.

Denn am Ende geht es nicht darum, ein perfekter Mensch zu sein. Es geht darum, ein freier Mensch zu sein – mit einem Geist, der bereit ist zu wachsen, zu träumen und zu wagen.

Kapitel 12: Der Geist als Motor – Dein Leben aktiv gestalten

Dein Geist: Motor oder Handbremse?

Stell dir vor, dein Leben ist ein Auto. Ein glänzendes, schnittiges Fahrzeug, das bereit ist, jede Straße zu erobern. Der Motor? Dein Geist. Er entscheidet, wie schnell du vorankommst, in welche Richtung du fährst und ob du überhaupt ins Rollen kommst.

Doch wie oft sitzt du am Steuer, während der Motor vor sich hin tuckert, und fragst dich:

- „Warum komme ich nicht voran?"
- „Warum bin ich so blockiert?"
- „Wieso fahre ich immer wieder im Kreis?"

Vielleicht liegt es daran, dass du gleichzeitig die Handbremse gezogen hast – mit Zweifeln, Ängsten und alten Glaubenssätzen. Doch was passiert, wenn du die Bremse löst und dem Motor die Freiheit gibst, seine volle Kraft zu entfalten?

Richtig: Du fährst los. Vielleicht vorsichtig, vielleicht mit Vollgas – aber du bewegst dich. Und genau darum geht es: Dein Leben aktiv zu gestalten und deinen Geist als Verbündeten zu nutzen.

Die Macht der Entscheidung

Jeder Tag ist voller Entscheidungen. Manche sind klein: „Trinke ich Kaffee oder Tee?" Andere sind groß: „Kündige ich meinen Job?" Wage ich einen Neuanfang?" Doch egal, ob groß oder klein – jede Entscheidung formt deinen Weg.

Mein „Motor-an"-Moment

Ich erinnere mich an einen Tag, an dem ich vor einer Entscheidung stand, Ich kündigte meinen Job, den ich über alles liebte, ohne klaren Plan. Meine Mitmenschen haben mich dann verunsichert

- „Was, wenn es schiefgeht?"
- „Du wirst scheitern!"

Die Handbremse war fest angezogen. Doch dann dachte ich: „Was, wenn ich es einfach probiere?" Ich atmete tief durch, löste die Bremse und gab Gas.

Und weißt du was? Es war nicht perfekt. Ich bin ein paar Mal gegen den Bordstein gefahren. Aber ich war in Bewegung – und das war alles, was zählte.

Entscheidungen sind wie Kreuzungen

Stell dir vor, du stehst an einer Kreuzung:

- Geradeaus: Der sichere, bekannte Weg.
- Rechts: Ein neuer, spannender Pfad voller Möglichkeiten.
- Links: Ein riskanter Weg, der nach Abenteuer riecht.

Was wählst du?

Für Sportler:

Bleibst du bei der sicheren Routine oder wagst du ein neues Training, das dich herausfordert?

Für Kopfmenschen:

Vertraust du auf deine Logik oder folgst du deinem Bauchgefühl?

Für Unternehmer:

Investierst du in das Neue oder bleibst du beim Bewähren? Die Entscheidung ist dein Lenkrad – und der Geist ist der Motor, der dich vorwärts bringt.

Und das Geniale: Du kannst zu jeder Zeit weitere und/ oder neue Ent-scheidungen treffen.

Der Treibstoff deines Geistes

Damit dein geistiger Motor läuft, braucht er den richtigen Treibstoff. Und dieser Treibstoff besteht aus drei Komponenten:

1. Klarheit:
   - Was willst du wirklich? Je klarer dein Ziel ist, desto einfacher wird der Weg dorthin.
2. Mut:
   - Es braucht Mut, um Gas zu geben. Aber ohne Mut bleibst du stehen.
3. Energie:
   - Pausen, Schlaf, Bewegung, Ernährung – all das hält deinen Motor in Schuss.

Inspirierende Beispiele: Menschen, die ihren Geist als Motor nutzen

Usain Bolt – Klarheit und Mut in Höchstgeschwindigkeit

Usain Bolt, der schnellste Mann der Welt, sagte einmal: „Ich trainiere vier Jahre für 9 Sekunden." Sein Motor? Absolute Klarheit über sein Ziel und der Mut, alles zu geben, selbst wenn der Weg hart war.

Lektion:
Wenn du weißt, wofür du „trainierst", fällt es leichter, die Strapazen zu ertragen.

Steve Jobs – Der Mut zur Vision

Steve Jobs hatte eine Vision, die viele für verrückt hielten: Computer für jedermann. Sein Geist war der Motor, der diese Idee vorantrieb, trotz Rückschlägen und Zweifeln.

Lektion:
Manchmal braucht es Mut, an eine Idee zu glauben, bevor andere es tun.

Wie du deinen geistigen Motor in Schwung bringst

Visualisierung: Der „Ziel-Trip"

- Setze dich bequem hin und schließe die Augen.
- Stell dir dein Ziel vor. Wo willst du hin? Was willst du erreichen?
- Sieh dich selbst, wie du dort ankommst. Wie fühlt es sich an? Was siehst du, hörst du, riechst du?
- Spüre die Freude und den Stolz.
- Öffne die Augen und mach den ersten Schritt.

Mikro-Entscheidungen: Kleine Gänge einlegen

Große Entscheidungen können lähmen. Mach es kleiner:

- Statt „Ich muss mein Leben ändern"   „Ich treffe heute eine kleine neue Entscheidung."
- Statt „Ich starte ein neues Business"   „Ich recherchiere heute die ersten Schritte."

Jede Mikro-Entscheidung bringt dich vorwärts.

Mentale Pause: Den Motor nicht überhitzen lassen

Selbst der beste Motor braucht Pausen. Plane bewusste Momente der Ruhe ein:

- Ein Spaziergang in der Natur.
- 10 Minuten Meditation.
- Ein Tag ohne To-Do-Liste.

Schlussgedanke: Dein Leben, dein Steuer
Du sitzt am Steuer deines Lebens. Dein Geist ist der Motor, der dich antreibt. Manchmal musst du Gas geben, manchmal bremsen, manchmal neue Wege wagen. Aber das Wichtigste ist: Bleib in Bewegung.
Denn am Ende des Tages ist das Leben keine Autobahn mit vorgegebenen Spuren. Es ist eine abenteuerliche Landstraße voller Möglichkeiten.
Löse außerdem die Handbremse, starte den Motor und fahren los. **Der Weg gehört dir!**

Kapitel 13: Das Leben ist ein Sprung – Vom Denken ins Tun

Der Sprung, der alles verändert
Stell dir vor, du stehst wieder auf dem Sprungbrett. Unter dir glitzert das Wasser, kühl und verlockend. Deine Muskeln sind angespannt, dein Herz pocht. Der Gedanke ist klar: „Frühling!"
Doch dann kommt der Verstand:
- „Was, wenn ich falsch lande?"
- „Was, wenn das Wasser zu kalt ist?"
- „Vielleicht sollte ich noch einen Moment warten ..."

Und ehe du dich versiehst, stehst du da – festgefroren. Der Sprung, der in Sekunden hätte passieren können, wird zu einer stundenlangen Geduldsprobe mit dir selbst.
Doch das Leben wartet nicht. Und irgendwann musst du erkennen: Der einzige Weg nach vorne führt durch den Sprung. Vom Denken ins Tun.

Die ewige Schleife des Wartens

Wie oft hast du gedacht:

- „Ich starte, wenn ich bereit bin."
- „Ich fange an, wenn der perfekte Moment kommt."
- „Ich wage es, sobald ich keine Angst mehr habe."

Das Problem? Diese perfekten Momente sind selten, vielleicht nie. Und „bereit sein" ist oft eine Illusion, die unser Verstand uns vorgaukelt, um uns zu schützen. Was er uns nicht sagt: Nicht das Warten macht uns bereit, sondern das Springen.

Reflexion:

Jeder große Schritt, jeder Erfolg, jedes Abenteuer begann mit einem Moment des Mutes – nicht der Perfektion.

Warum der Sprung so schwerfällt

1. Der Schutzmechanismus des Gehirns
Unser Gehirn ist ein Sicherheitsfanatiker. Es liebt Routine, Vorhersehbarkeit und vermeidet Risiken wie der Teufel das Weihwasser. Jeder Sprung ins Unbekannte aktiviert die „Alarmglocken" in deinem limbischen System.

2. Die Angst vor dem Scheitern
Wir fürchten die Konsequenzen eines Fehlers oft mehr als die Chancen des Erfolgs. Doch Scheitern ist nicht das Ende – es ist der Weg zur Meisterschaft.

3. Die Illusion des perfekten Moments
„Ich fang morgen an." „Nächste Woche ist besser." Nein! Der beste Moment ist meistens genau Jetzt!

Das Geheimnis des Handelns: Kleine Sprünge zählen auch

Nicht jeder Sprung muss ein gewaltiger Salto vom 10-Meter-Turm sein. Manchmal reicht ein kleiner Hopser, um die Starre zu durchbrechen.

Für Sportler:
Melde dich für einen neuen Wettkampf an, der dich herausfordert.
Probiere eine neue Trainingsmethode aus.
Für Kopfmenschen:
Triff eine kleine Entscheidung, ohne sie 20-mal zu analysieren.
Wage einen Schritt ins Unbekannte, auch wenn du noch Fragen hast.
Für Unternehmer:
Starte den Prototyp, auch wenn er nicht perfekt ist.
Geh mit deiner Idee raus, auch wenn du noch zweifelst.

Inspirierende Beispiele für den Sprung ins Tun

Der Läufer, der einfach loslief – Terry Fox

Terry Fox verlor durch Krebs ein Bein. Anstatt sich zurückzuziehen, beschloss er, zu handeln. Mit einer Beinprothese startete er den „Marathon of Hope" und legte über 5.000 Kilometer durch Kanada zurück, um Spenden für die Krebsforschung zu sammeln. Er wusste nicht, ob er es schaffen würde – aber er sprang.
Lektion:
Manchmal ist der erste Schritt der Mächtigste. Der Rest ergibt sich unterwegs.

Die Sängerin, die ihre Angst überwand – Susan Boyle

Susan Boyle war eine unbekannte Frau aus einem kleinen Dorf, die jahrelang nur unter der Dusche sang. Dann trat sie bei „Britain's Got Talent" auf, obwohl die Angst sie schnell lähmte. Ihr Sprung ins Unbekannte veränderte ihr Leben und berührte Millionen.

Lektion:

Dein Moment des Mutes kann Türen öffnen, von denen du nicht einmal wusstest, dass sie existieren.

Praktische Übungen: Vom Denken ins Tun

Der „5-4-3-2-1-Sprung"
Eine Methode von Mel Robbins :
1. Wenn du zögerst, zähle rückwärts: 5-4-3-2-1 .
2. Starte sofort bei 1. Bewege dich, triff die Entscheidung, mach den ersten Schritt.

Warum es funktioniert:

Das Zählen unterbricht deine Gedankenspirale und zwingt dich zu handeln, bevor die Zweifel zuschlagen.

Der „Mini-Sprung-Plan"
- Wähle ein Ziel. Was willst du erreichen?
- Zerlege es in kleinen Schritten. Was ist der kleinstmögliche Schritt, den du heute machen kannst?
- Dienstag! Ohne Nachdenken, ohne Zögern.

Die „Anti-Aufschiebe-Liste"
- Schreibe drei Dinge auf, die du schon lange tun willst.
- Erledige eine davon sofort – innerhalb der nächsten Stunde.
- Spüre, wie gut es sich anfühlt, etwas getan zu haben.

Schlussgedanke: Dein Leben wartet nicht

Das Leben ist kein Wartesaal. Es ist ein Sprungbrett – bereit für dich, zu springen. Es wird nie den „perfekten" Moment geben, die „garantierte" Sicherheit oder die „vollkommene" Vorbereitung.

Ab gehts! Mit zitternden Knien, pochendem Herzen und einem Lächeln im Gesicht. Denn wenn du springst, passiert Magie: Du bewegst dich, du wächst, du lebst.

Bist du bereit für den Sprung? Dann nimm Anlauf, löse die Bremse und lass das Leben beginnen.

Kapitel 14: Die Macht der Sekunden – Kleine Momente, große Entscheidungen

Sekunden, die das Leben verändern

Es sind nicht immer die großen Lebensereignisse, die alles verändern. Oft sind es Sekunden – winzige, kaum spürbare Augenblicke, die über Erfolg und Misserfolg, Glück oder Pech, Vorwärtsgehen oder Stillstand entscheiden.

Die Macht der Sekunden – Dein Leben in entscheidenden Momenten

Sekunden können den Unterschied machen. Oft sind es nicht Minuten, Stunden oder Tage, die über Erfolg, Veränderung oder Glück entscheiden – sondern winzige Bruchteile von Sekunden. Der Moment, in dem du:

- springst, obwohl dein Herz rast.
- eine Entscheidung triffst, obwohl der Kopf noch zweifelt.
- loslässt, obwohl alles in dir dich festhalten will.
- den ersten Schritt wagst, obwohl das Ziel noch weit entfernt ist.

In diesen Sekunden liegt eine Kraft, die ganze Lebenswege verändern kann. Diese Momente sind wie kleine Weichensteller – und du bist derjenige, der den Hebel betätigt.

Warum Sekunden so entscheidend sind

In diesen winzigen Momenten passiert etwas Magisches: Dein Verstand tritt zurück, deine Zweifel verstummen, und du handelst aus deinem tiefsten Kern heraus. Es ist der Moment, in dem du:

- Dich für Mut entscheidest, statt für Angst.
- Fürs Handeln, statt fürs Zögern.
- Fürs Loslassen, statt fürs Festhalten.

Beispiele aus dem Leben:

Im Sport: Der Augenblick, in dem du den Startschuss hörst und losläufst, ohne darüber nachzudenken.

Im Business: Der Moment, in dem du „Ja" zu einer neuen Herausforderung sagst.

Im Alltag: Die Sekunde, in der du jemanden anlächelst und dadurch eine Verbindung schaffst.

Diese Sekunden sind klein, aber sie tragen eine enorme Bedeutung. Sie sind die Brücke zwischen Denken und Tun.

Die Magie des Augenblicks

Denk an alle die Momente, die dein Leben geprägt haben:

- Der Sekundenbruchteil, in dem du dich entschlossen hast, einen mutigen Schritt zu wagen.
- Die kurze Pause, in der du einen tiefen Atemzug nahmst und dadurch einen klaren Kopf bekamst.
- Der winzige Augenblick, in dem du auf dein Bauchgefühl gehört hast und eine wichtige Entscheidung getroffen hast.

Diese Sekunden sind wie kleine Weichensteller, die ganze Lebenswege verändern können.

Sekunden im Sport – Der Unterschied zwischen Gold und Silber

Im Leistungssport entscheiden oft Hundertstel- oder Tausendstelsekunden über Sieg oder Niederlage.

Beispiel: Michael Phelps und der Sekundenbruchteil zur Goldmedaille

Bei den Olympischen Spielen 2008 gewann Michael Phelps die 100-Meter-Schmetterling um gerade einmal 0,01 Sekunden. Ein einziger Augenblick – ein schnellerer Zug, ein besserer Anschlag – und aus Silber wurde Gold.

Lektion:

Eine Sekunde kann der Unterschied zwischen „fast geschafft" und „Triumph" sein. Doch dieser Moment des Sieges kommt nicht von ungefähr – er entsteht aus Disziplin, Fokus und der Fähigkeit, im richtigen Augenblick alles zu geben.

Sekunden im Business – Der Mut zur schnellen Entscheidung

Auch im Geschäftsleben sind es oft Sekunden, die den Erfolg bestimmen.

Beispiel: Jeff Bezos und der Sekunden-Entschluss für Amazon

Als Jeff Bezos darüber nachdachte, Amazon zu gründen, sagte er zu sich selbst: „Wenn ich mit 80 zurückblicke, möchte ich die Entscheidung in Sekunden treffen können." Diese kurze Reflexion half ihm, seine Zweifel zu überwinden und zu springen. Heute wissen wir, dass diese Sekunden-Entscheidung die Welt verändert hat.

Lektion:

Ein mutiger Entschluss, der in Sekunden getroffen wird, kann der Anfang von etwas Großem sein.

Sekunden im Alltag – Momente, die das Herz berühren

Auch im ganz normalen Alltag sind es oft Sekunden, die den Unterschied machen:

- Das Lächeln, das du jemandem schenkst. Es kostet dich Sekunden, kann aber einen Tag erhellen.
- Der Moment, in dem du „Ja" zu einer neuen Erfahrung sagst. Eine Sekunde des Mutes öffnet Türen zu neuen Abenteuern.
- Die Sekunden, in denen du dich entscheidest, loslassen. Ein einziger Augenblick der Akzeptanz bringt Frieden.

Reflexion:
Manchmal verändern die kleinsten Momente die Richtung unseres Lebens.

Wie du die Macht der Sekunden meisterst

Die „3-Sekunden-Regel" für Entscheidungen
Wenn du zögerst, zähle:

- 3-2-1 – und Griff.
- Ruf an, starte das Projekt, melde dich für den Wettkampf an.

Warum es funktioniert:
Du gibst deinem Gehirn keine Zeit, Ausreden zu finden.
Sekunden des Handelns sind stärker als Minuten des Zweifelns.

Der „Sekunden-Check-In"
Mehrmals am Tag:

- Halte kurz inne.
- Atme tief durch.
- Frage dich: „Bin ich gerade da, wo ich sein will?"

Ein Sekunden-Check-In hilft dir, dich zu zentrieren und bewusst zu leben.

Die „Sekunden der Dankbarkeit"

Jeden Abend:

- Nimm dir einen kurzen Moment, um an drei Dinge zu denken, für die du dankbar bist und schreibe diese auf.
- Diese kurze Übung verändert deinen Fokus und dein Mindset.

Wie du Sekunden für dich nutzt

- Erkenne den Moment:
- Spüre den Augenblick, in dem du zögerst und sag dir: „Jetzt!"
- Zähle rückwärts:
- Wenn du zögerst, zähle 3-2-1 – und spring. Das unterbricht deine Zweifel.
- Vertraue deinem Bauchgefühl:
- Oft weiß dein Inneres schneller, was richtig ist, als dein Verstand.
- Feiere deine Sekunden-Entscheidungen:
- Jeder kleine Moment des Mutes ist ein Sieg.

Schlussgedanke: Nutze deine Sekunden

Das Leben besteht aus einer Aneinanderreihung von Sekunden. Jede davon ist eine Gelegenheit, zu handeln, zu entscheiden, zu leben.

Jede Sekunde trägt die Möglichkeit in sich, dein Leben zu verändern. Denn am Ende sind es nicht die großen Pläne, die unser Leben gestalten, sondern die kleinen, mutigen Sekunden, in denen wir handeln.

Nutze sie. Halte sie fest. Lass sie nicht verstreichen. Denn wenn du die Macht der Sekunden erkennst, hast du den Schlüssel zu einem bewussten, mutigen und erfüllten Leben.

Nicht irgendwann, sondern Jetzt!

Was wirst du in deiner nächsten entscheidenden Sekunde tun?

Kapitel 15: Vertrauen – Die unsichtbare Brücke zu deinem Ziel

Die Bühne ist vorbereitet – und du stehst im Scheinwerferlicht

Stell dir vor, du stehst in einem großen, dunklen Raum. Ein Spotlight erhellt nur dich. Die Menge hält den Atem an. Vielleicht spürst du ein Kribbeln im Bauch, vielleicht klopft dein Herz schneller. Das ist der Moment, bevor der Vorhang aufgeht, bevor der Startschuss fällt, bevor die Reise beginnt. Dieser Moment gehört dir. Nicht morgen, nicht irgendwann, sondern jetzt.

Was, wenn alles möglich wäre?

Lass für einen Moment alle Zweifel los. Stell dir vor:
- Was, wenn der Sprung ins Unbekannte genau das ist, was dir fehlt?
- Was, wenn dein größter Traum nur einen Schritt entfernt ist?
- Was, wenn du am Ende mehr bereuen wirst, was du nicht getan hast, als das, was du gewagt hast?

Spüre diese Gedanken. Lass ihn in dir wachsen. Fühlst du das Feuer? Dieses Kribbeln der Möglichkeiten, der Abenteuerlust, der puren Neugier?

Vergiss die Endstation – genieße die Fahrt

Das Leben ist kein Ziel, das du irgendwann erreichst, sondern eine Fahrt, die du genießt. Ein lebendiger Prozess, voller Wendungen, Überraschungen und Gelegenheiten. Es ist wie eine Zugfahrt mit offenen Fenstern:

- Manchmal rauscht die Landschaft vorbei.
- Manchmal hält der Zug an neuen, unerwarteten Orten.
- Und manchmal musst du aufspringen, während er schon in Bewegung ist.
- Und manchmal musst Du einfach aussteigen.

Das Abenteuer beginnt, wenn du einsteigst – nicht, wenn du alles geplant hast.

Erinnere dich: Die besten Geschichten beginnen nie mit „Ich habe es perfekt durchdacht"
Denk an deine Lieblingsfilme, Bücher oder Erlebnisse. Sie beginnen mit einem mutigen Schritt ins Unbekannte:
- Der Held, der ins Abenteuer aufbricht.
- Die Forscherin, die das unbekannte Terrain betritt.
- Der Unternehmer, der eine Idee wagt, die niemand versteht.

Diese Geschichten leben von Bewegung, Risiko und dem Zauber des Anfangs. Genau so beginnt deine Geschichte – mit einem Schritt, einem Sprung, einem „Ja".

Ein letzter Impuls: Was wäre, wenn du ...
- Heute etwas Neues wagst, einfach weil du neugierig bist?
- Eine Entscheidung triffst, ohne zu wissen, wie alles ausgeht?
- Den Perfektionismus für einen Moment loslässt und einfach tust, was dein Herz sagt?

Dein Abenteuer wartet – und die Welt braucht deinen Sprung

Es gibt nur eines, das jetzt noch fehlt: Deine Handlung. Dein Moment, in dem du sagst:

- „Ich bin bereit."
- „Ich springe."
- „Ich starte – jetzt."

Denn das Leben wartet nicht. Es ist schon da, bereit, von dir gelebt zu werden.

Schlussgedanke: Mach es einfach

Am Ende dieses Buches gibt es keine Checkliste, keinen endgültigen Fahrplan. Es gibt nur dich – mit all deinen Träumen, deiner Kraft, deinem Mut und deinen Möglichkeiten. Also geh raus. Geh ins Leben. Lass dich von deiner Neugier treiben.

Dein Moment ist jetzt. Und alles, was du tun musst, ist einfach zu beginnen.

Danke, dass du diesen Weg gegangen bist. Jetzt beginnt das wahre Abenteuer.

Dein Finale: Jetzt ist deine Zeit

Das Leben wartet nicht – es passiert jetzt - Jeder Moment.
Warte nicht darauf, bereit zu sein. Warte nicht darauf, dass die
Angst verschwindet. Warte nicht darauf, dass jemand kommt
und dir die Erlaubnis gibt.
Der Mut, den du suchst, ist schon in dir. Die Kraft, die du
brauchst, steht bereit. Der Weg, den du gehen willst, entsteht
in dem Moment, in dem du den ersten Schritt machst.
Also nimm all deine Träume, all deine Wünsche, all dein Feuer
– und geh los.
Klar, mutig, unaufhaltsam.
Denn die Welt braucht nicht noch jemanden, der wartet. Du
brauchst dich – in deinem Jetzt ist deine Zeit.
Geh raus und erobere sie.